AS BACANTES de EURÍPIDES

Coleção Signos
Dirigida por Augusto de Campos

Equipe de realização:
Supervisão editorial: J.Guinsburg
Assessoria editorial: Plinio Martins Filho
Capa e projeto gráfico: Sergio Kon
Revisão de provas: Saulo Alencastre e Trajano Vieira
Produção: Ricardo Neves e Sergio Kon.

AS BACANTES de EURÍPIDES

TRAJANO VIEIRA

 PERSPECTIVA

Dados Internacionais de Catalogação na Publicação (CIP)
(Câmara Brasileira do Livro, SP, Brasil) Vieira, Trajano

As bacantes de Eurípides / Trajano Vieira. –
São Paulo : Perspectiva, 2010.

1 reimpr. da 1 ed. de 2003
ISBN 978-85-273-0679-9

1. Eurípides. Bacantes - Crítica e interpretação
2. Teatro grego (Tragédia) - História e crítica
3. Teatro grego (Tragédia) - Traduções para o
português I. Título

03-5848   CDD- 882.0109

Índices para catálogo sistemático:

1. Tragédia : História e crítica : Literatura
grega antiga   882.0109

1ª edição - 1ª reimpressão
[PPD]

Direitos reservados à
EDITORA PERSPECTIVA LTDA.
Av. Brigadeiro Luís Antônio, 3025
01401-000 São Paulo SP
Telefax: (0–11) 3885-8388
www.editoraperspectiva.com.br
2019

Para Jacó Guinsburg

Ah! Quem me chama? Ah! Quem me aferra? Um tirso
eu sou, um tirso frondoso de crinas
que, à impulsão de uma cólera ferina,
descabelo-me, pés nus, me desvisto.

Às nuvens me arrebata, ou ao abismo!
Sejas deus, sejas monstro, serei tua.
Centauro, eis-me aqui: sou tua égua fulva.
De ti me emprenha. Espumo, entre nitridos.

Tritão, eu sou tua fêmea azul-cerúlea.
Minha língua é, como algas, salgada. Ambas
as pernas, um metal sonoro as cerra.

Quem me chama? Será trompa noturna?
O nitrido de Téssalo? Um deus? Pan
toante? Nua, queimo e gelo. Quem me aferra?

BACANTE, *Gabriele D'Annunzio*
transcriação de Haroldo de Campos

Agradecimentos:

*A Haroldo de Campos,
pela generosidade com que leu a tradução
e sugeriu-me soluções poéticas.*

*A John Simon Guggenheim
Memorial Foundation, que concedeu-me
uma bolsa para a realização deste trabalho.*

SUMÁRIO

17
Introdução

47
As Bacantes

129
BAKXAI

193
O Tirso de Eurípides: Comentários Críticos

INTRODUÇÃO

Depois de concluir esta introdução, tive a oportunidade de ler um ensaio de Jacó Guinsburg sobre os fundamentos da representação teatral. Embora sua abordagem de caráter estético-semiótico tenha outra envergadura que a minha, alguns dos temas que aborda coincidem com os que trato a seguir. Refiro-me, em particular, a dois aspectos da obra teatral: sua natureza literária e sua função cenográfica. Igualmente importante para Guinsburg é o papel do espectador, considerado um elemento constituinte da ação dramática, e não uma presença externa ao palco. De certo modo, o ator seria espectador de sua própria atuação no tablado. No mesmo ensaio, o crítico define, com a palavra jogo, o movimento de aproximação e de distanciamento do ator em relação à sua performance: "Pois, para que se possa atuar, realizando atos intencionais de execução, precisa concomitantemente, em seu agir, imaginar (vale falar, representar e projetar), entender e administrar o que 'performa', ou seja, envolver-se e distanciar-se, no mesmo lance, no jogo de seus atos"[1].

Como se lerá a seguir, emprego "jogo" como fio condutor desta apresentação, com o objetivo de aproximar dois planos

---

1. *Da Cena em Cena*, São Paulo, Perspectiva, 2001, p. 18.

das *Bacantes*: o verbal e o cenográfico. Quanto ao primeiro, meu maior interesse é registrar que as traduções acadêmicas, indiferentes à natureza hiperformal do texto de Eurípides, impedem que o leitor e a plateia tenham acesso a aspectos relevantes da obra. Quanto ao segundo plano, indico passagens da tragédia em que os personagens desempenham papel de espectador, um traço metateatral que os comentadores têm colocado em evidência[2]. Por fim, na conclusão, observo que, além da perspectiva do espectador, incorporada pelos personagens das *Bacantes*, há a presença de outro olhar, o "olímpico", que, distante da cena teatral, vislumbra a grandeza e a pequenez das ações humanas. Eurípides, no final da vida, diante de uma Atenas esgotada por mais de duas décadas de guerra contra Esparta, reavalia noções tradicionais da cultura grega, que remontam a Homero, como prudência e piedade religiosa. Sua tragédia mais famosa não se restringe à expressão do êxtase ritualístico, mas pode também ser lida como uma reflexão ao mesmo tempo ética e estética. O uso que o autor faz do vocabulário filosófico tem, como finalidade principal, definir um tipo de conhecimento particular, o poético. A ampliação do horizonte da expressão verbal, através de recursos formais inusitados, ocupa lugar central nas *Bacantes*.

Não é meu propósito apresentar uma análise sistemática e exaustiva de uma obra que tem merecido atenção crescente dos helenistas. Destaco alguns aspectos da peça menos discutidos entre nós, valorizados por mim na tradução.

---

2. Ver, por exemplo, Charles Segal, *Dionysiac Poetics and Euripides' Bacchae*, Princeton UP, 1997, pp. 215-271.

I

Não sabemos o que levou Eurípides (485-406 a.C.) a se transferir, em 408 a.C., de Atenas para a Macedônia, onde faleceu antes de ver a representação de sua peça mais famosa: *As Bacantes* (405 a.C.). Uma hipótese para o exílio voluntário na corte do rei Arquelau – político admirado por Tucídides (Livro 2, 100) e execrado por Platão (*Górgias* 471 a-d) – seria a recepção negativa de sua obra em Atenas. Eurípides estreou em 455 a.C., ano da morte de Ésquilo, num concurso em que não passou do terceiro lugar. Das quatro vitórias que obteve em vida – num universo de 92 peças escritas, contra dezoito de Sófocles, autor de 123 obras –, a primeira só ocorreu em 441 a.C., o que nos leva a pensar que pelo menos os juízes tinham, a seu respeito, opinião diferente da de Sócrates que, embora não fosse frequentador assíduo de teatro, não perdia suas montagens (cf. Aelian, *Varia Historia* 2, 13). Nesse sentido, há uma passagem das *Bacantes* que, se lida como fonte de um trecho do *Édipo em Colono* de Sófocles, indica que a recepção da obra de Eurípides entre os escritores atenienses foi bem mais favorável do que entre os jurados. A hipótese de que cópias do manuscrito das *Bacantes* tenham circulado em Atenas antes da representação da peça e do *Édipo em Colono* (406 a.C.) é atraente[3], sobretudo quando nos damos conta da semelhança entre versos como:

---

3. Essa é a tese de E. R. Dodds (*Bacchae*, Oxford UP, 1986, p. 212), que aponta as relações textuais entre os dois episódios, sendo seguido por Maurice Lacroix: "Essas concordâncias dificilmente podem ser fortuitas", *Les Bacchantes*, Belin, 1976, p. 233.

Édipo em Colono (1621-29):

     E quando, enfim,
acabam-se os lamentos, cede o grito,
houve silêncio, a voz de alguém ressoa
subitamente, e um súbito pavor
em pé deixa os cabelos dos presentes.
De muitos modos muito um deus o chama:
"Vamos, Édipo, vamos! Retardar
a partida não faz sentido. Há muito
hesitas." Deu-se conta: um deus buscava-o.

As Bacantes (1078-89):

altíssona uma voz ressoou, etérea,
(era Dioniso, ao que parece): "Jovens,
conduzo quem de vós, da orgia mofava,
ria dos ritos. A vós cabe a desforra!"
Falou. E ao Céu-Urânio e à Terra-Geia,
sagrado o lume em chamas acendeu.
O céu calou, calou no vale arbóreo
o folhame, já não bramiam as feras.
O som a seus ouvidos pouco nítido,
eretas, circungiram as pupilas.
Ele reitera a voz de mando e claro
as moças cádmias captam quanto ordena:

  Entre os contemporâneos de Eurípides, as únicas referências (pseudo) biográficas de que dispomos são as comédias de Aristófanes, onde ele figura como misógino (*Lisístrata* 283, 368), sofista (*Rãs* 771-76) ou filho de verdureira (*Acarneus* 457, 478; *Rãs* 840). A biografia, um gênero tardio na Grécia, não fazia distinção entre anedotário e fato histórico[4]. Mesmo considerando com reserva, portanto, as informações de Filocoro (séc. IV a.C.) e de Sátiro (séc. III a.C.), podemos supor que um dos motivos para a divulgação, na Antiguidade, da estória segundo a qual Eurípides teria vivido numa caverna em Salamina (cf. Aulo Gélio, *Noctes Atticae*)[5], foi a necessidade de justificar seu insucesso profissional.

Eurípides incorpora largamente em seus dramas temas culturais de sua época (Protágoras teria lido em sua casa o tratado *Sobre os Deuses*, segundo Diógenes Laércio, IX, 54). Como vários companheiros de geração, teria sido aluno de Pródico, a quem Jacqueline de Romilly dedicou mais de um estudo, apontando a influência do sofista não só sobre Tucídides e Platão, como também sobre Eurípide[6]. Segundo a helenista, o interesse de Pródico pela "acribologia" (exatidão) das palavras teve grande impacto na linguagem desses e de outros escritores do período. Lembro, nesse sentido, o divertido diálogo entre Dioniso e Eurípides nas *Rãs* (1167-69), em que o poeta critica o uso impreciso do verbo "retornar" (*katérkhesthaí*) para caracterizar a volta de Orestes, por ela ter ocorrido ao arrepio da lei, provocando reação irritada de Dioniso: "Não entendo o que

---

4. Ver Mary Lefkowitz, "The Euripides *Vita*", *Greek, Roman and Bizantine Studies* 20 (1979), pp. 187-210.
5. Ver P.T. Stevens, "Euripides and the Athenians", *Journal of Hellenic Studies* 76 (1956), p. 88.
6. Jacqueline de Romilly, "Les manies de Prodicos et la rigueur de la langue grecque", *Museum Helveticum* 43 (1986), pp. 1-18; *Tragédies grecques au fil des ans*, Belles Lettres, 1995, pp. 184-189.

dizes!"... Jacqueline de Romilly menciona, como exemplo da influência de Pródico, as invenções vocabulares de Eurípides, particularmente pelo recurso de prefixação, responsável por "uma nuance de sentido útil e fina, que os tradutores nem sempre saberiam conservar"[7]. Ao tradutor, esse comentário vale como sinal de alerta e desafio. A atenção à originalidade verbal deve-se redobrar no caso de um escritor da magnitude de Eurípides.

Cito alguns exemplos em que procurei manter, na medida do possível, certos efeitos do original nesse campo. No verso 554, destaca-se a "tmese anastrófica"[8], resultante do prefixo *aná* ("acima") posposto a *tinásson* ("agitando", "sobre-agitando"), enunciado no verso anterior. *Aná*, que aparece "solto" no verso, é seguido por outra preposição de sentido contrário, *katá* ("abaixo"), produzindo um belo movimento no período. Esse tipo de construção lembra a sintaxe de e. e. cummings, que, como se sabe, teve rigorosa formação clássica. Confronte-se *aná, thyrson kat'Olympon*, cuja tradução literal é "acima o tirso abaixo Olimpo", reconfigurado do seguinte modo em minha versão:

> Vem!
> Sobre-
> vibra o tirso
> olhiouro,
> Olimpo
> abaixo,

---

7. "Les manies de Prodicos et la rigueur de la langue grecque", pp. 11-12.
8. E. R. Dodds, *op. cit.*, 1986, pp. 145-146.

coíbe a hýbris do macho
sanguinário!

com o seguinte verso do poeta norte-americano:

(with up so floating many bells down)

No verso 619, outra tmese, formada pela sequência *perì brókhous éballe* ("em torno-cordas-lançava"), que verti assim:

os joelhos circum-amarrou-lhe e os cascos.

A discussão sobre o caráter convencional do signo linguístico, tema central do *Crátilo*, onde o personagem que dá título ao diálogo platônico defende a tese segundo a qual "quem conhece os nomes conhece também a coisa" (435a), ao contrário de Hermógenes, para quem o signo seria arbitrário, repercute em Eurípides. Nas *Troianas* (989-90), ele associa *Afrodite* à *aphrosyne* ("loucura"), passagem referida por Aristóteles como um *topos* "a partir do nome" (*Ret.* II 25, 1400b). Mas a peça em que mais utiliza esse recurso é *As Bacantes*, onde a ambiguidade não se restringe ao estilo, já que seu protagonista é justamente o deus que a simboliza. Esse aspecto põe à luz os limites do projeto acadêmico de tradução de poesia, circunscrito à semântica. Note-se, por exemplo, como se verte normalmente *paígmata* (162). Embora seja uma palavra-chave na definição do dionisismo, embora a única acepção registrada por Bailly seja "jogo"[9], nenhuma tradução que pude

---

9. *Dictionnaire Grec-Français*, Hachette, 1950.

consultar a transpõe com precisão. Verdenius cita o *Hino a Apolo* (206) e a 1ª *Olímpica* (16), em que o verbo *paidzo* significa "tocar um instrumento"[10]. No episódio da tragédia a que me refiro, o coro reproduz uma ordem de Dioniso às bacantes para que elas conduzam o rito. Segundo o deus, é o próprio som da flauta (*lotos*) sagrada que "freme jogos sagrados" (*hierá paígmata breme*). A questão não diz respeito propriamente ao timbre musical, mas ao papel da música no âmbito ritualístico, pois é ela que configura uma modalidade particular de culto – dionisíaco –, entendido como "jogo". O verbo empregado no período é *bremein* ("fremir"), da mesma raiz de uma das principais designações de Dioniso, *Brômio* ("Rumor"). O som da flauta sagrada é, de certo modo, o próprio deus, fato desconsiderado, até onde chega o meu conhecimento, tanto pelos tradutores quanto pelos comentadores.

Maurice Lacroix verte explicativamente a passagem[11]:

> Pendant que le lotus sacré aux belles sonorités fait retentir des airs religieux.

Traduzi ao pé da letra *paígmata* ("lúdico") e *bremein* por "rumor", conforme o significado literal do epíteto Brômio:

> enquanto, sonora, a flauta-loto
> sagra, com seu rumor,
> o rito lúdico

---

10. W.J.Verdenius, "Notes on the Parodos of Euripides' *Bacchae*", *Mnemosyne* 34 (1981), p. 314.
11. *Op. cit.*, 1976, p. 39.

Eurípides baseia-se na noção de jogo (lúdico) para configurar a linguagem da peça e seu personagem central. Emprego jogo de maneira ampla: criação do inusitado, elaboração de um sentido que, tão logo se esclarece, recoloca-se de outro ângulo, indicando a natureza ambígua da linguagem poética e do deus por ela responsável, Dioniso. Os versos 1251-52 podem bem servir de exemplo desse jogo verbal elaboradíssimo. Segundo Agave, a velhice é *dýskolon* e *skythropón* aos *anthrópois*, o que, numa tradução filológica, surda à música (antilúdica), soaria como "morosa e sombria aos homens". Ocorre que *DÝSKOlON* significa "de má digestão" e repercute em *SKYThrOpÓN* ("olhar sombrio") que, por sua vez, ecoa em *aNTHRÓPOis* ("homens"). Foi pensando nesse triplo espelhamento, que traduzi o trecho assim:

> Como a senilidade opila o fígado,
> e a vista do homem obnubila!

Na linguagem das *Bacantes,* chama a atenção a repetição vocabular, objeto de paródia nas *Rãs* (1336, 1351, 1353, 1354, 1355). Às vezes, ela se dá sem alteração morfológica, como no verso 1064, com o verbo *kat-ēguen* ("vergou"):

> Presenciei o prodígio do alienígena:
> do abeto pega o sumo ramo urânio
> e o enverga, enverga, enverga ao solo negro;

No verso 655, registra-se outra tripla repetição, com variação de caso (*sophós/sophós/sophón*):

> Ó sábio! És sábio, exceto em que não sabes.

Nos versos 905-06, lemos *hetera héteros héteron*, uma "citação ou paródia do pupilo de Górgias", observa Dodds[12], referindo-se à seguinte fala de Polo, no diálogo platônico *Górgias* (448c): *metalambánousin álloi állon állos* ("participam outros de outras outramente"). Nas *Bacantes*, essa repetição é seguida por outra: *muríai... muríois* ("miríades... para miríades"). J. Torrano não mantém a repetição de *héteros* em sua tradução da peça[13]:

> cada um por sua vez
> em poder e fausto supera a outrem.
> Em dez mil dez mil esperanças
> ainda há.

No traslado que apresento a seguir, figura:

> Ao outro o outro é outrem,
> se o ultrapassa em potência e riqueza.
> Miríades, para miríades,
> as esperanças:

No verso 955, o autor emprega o infinitivo *kryphthênai* ("ocultar-se"), o futuro na segunda pessoa do singular, *krýpse* ("serás ocultado"), e o substantivo *krýpsin* ("ação de ocultar"). Maria Helena da Rocha Pereira[14] verteu o trecho da seguinte forma:

> Ocultar-te-ás da maneira que se deve ocultar um espião,
> que vai furtivamente vigiar as Mênades.

---

12. *Op. cit.*, p. 191.
13. *Bacas*, Hucitec, 1995, p. 97.
14. *As Bacantes*, Edições 70, 1998.

Em minha tradução, está:

> Te encripto em cripta qual cripta sói ser,
> de onde escrutas furtivamente as mênades.

Outra marca da linguagem de Eurípides são as expressões coloquiais, estudadas por P.T. Stevens em *Colloquial Expressions in Euripides*[15]. Esse registro é muitas vezes responsável pelo humor e ironia das *Bacantes*. No verso 479, encontramos *oudén légon*, cuja tradução literal é "dizendo nada", no sentido de um pronunciamento que nada significa. Essa fala traz outra dificuldade ao tradutor, o emprego ecoante dos ditongos *au* ("de novo") / *eu* ("bem"). Foi pensando nesses dois aspectos que transpus o verso assim:

> Outra fala vazia de um evasivo.

No verso 717, o verbo *tribo* significa "ter prática, habilidade em". Segundo Eurípides, o orador é um desocupado que perambula pela cidade. Na tradução que proponho, lê-se:

> E um desses que anda ao léu na pólis, bom
> de prosa, a todos disse:

Henri Monier explica a etimologia de "metástase"[16]: "do grego μετάστασις, deslocamento, composto de μετά, que marca a mudança, o afastamento, e στάτις, atitude, situação, substantivo verbal de ἵστημι, colocar." Houaiss esclarece igualmente o termo: "deslocamento, afastamento, mudança de

---

15. *Hermes* 38 (1976).
16. *Dictionnaire de poétique et de réthorique*, PUF, 1998.

lugar, ação de deslocar-se"[17]. É essa a palavra que Tirésias emprega quando fala do nascimento de um segundo Dioniso, episódio que requer leitura atenta pois, como se sabe, o tema do nascimento ocupa lugar central na mitologia grega (291-96). Pode-se dizer que é a dificuldade de se *deslocar* ("metástase") do horizonte do dicionário o que tem impedido muitos tradutores acadêmicos de verterem adequadamente a passagem. Segundo Eurípides, Zeus imagina um ardil para acalmar Hera, decidida a matar Dioniso, fruto da relação extraconjugal do marido. Como salvar Dioniso? Zeus corta uma parte (*méros*) do céu e a entrega a Hera como "penhor" (*hómeros*), em lugar do primeiro Dioniso. Com o passar do tempo, os homens, devido à semelhança entre *méros* ("parte") e *merós* ("coxa"), criam o mito segundo o qual Dioniso teria sido gerado na coxa de Zeus. Muito se tem escrito sobre esse episódio. Costuma-se observar que Tirésias, encarnando o espírito sofístico da época, pretenderia explicar racionalmente o mito do nascimento de Dioniso, a partir da coxa de Zeus (*merós*). Gostaria de chamar a atenção para outro aspecto dessa passagem: o que leva Zeus a cortar um pedaço (*méros*) do céu e oferecê-lo como "penhor" (*hómeros*) a Hera é a semelhança entre os dois significantes linguísticos. É a partir dessa analogia que o mito se constrói: Zeus corta uma "parte" (*méros*) do céu, faz dela um Dioniso e o dá a Hera como "penhor" (*hómeros*), em lugar do outro Dioniso, que (dirão os homens) fora costurado à sua "coxa" (*merós*). Segundo Eurípides, a forma (*méros/hómeros*) gera

---

17. *Dicionário Houaiss da Língua Portuguesa*, Objetiva, 2001.

o mito (Dioniso com que Hera é presenteada). O significante não só representa o significado, como produz sentidos novos. O segundo Dioniso é um símile do primeiro e mantém, com ele, um elemento constitutivo: a luminosidade (o raio de Zeus, que provoca o parto prematuro de Dioniso, e a camada superior do céu, o Éter, matéria de que o segundo Dioniso é constituído). Essa luminosidade partilhada pelos dois deuses nos permite afirmar que o Dioniso oferecido à Hera é e não é o primeiro Dioniso. Não creio estar fazendo um mero jogo de palavras. Pensemos, por exemplo, nos versos 629-31. Dioniso apresenta-se inicialmente ao coro, sem disfarce, como um deus (614). Entretanto, ao explicar como enganou Penteu, o deus observa que o autor da ação foi Brômio (Rumor), outro nome do próprio Dioniso. No espaço de três versos, passa da primeira pessoa verbal para a terceira e retorna à primeira, usando ironicamente a fórmula *dóksan légo* ("exprimo a opinião", 629, alusão provável à oposição *dóksa/epistéme*, "opinião/ciência", corrente na época)![18] Ao falar de si, Dioniso apresenta-se como outro, confundindo a verdadeira identidade do "simulacro" que, como o Dioniso recebido por Hera, constitui-se de luz. Dioniso cria um outro que é ele mesmo – um simulacro luminoso no qual já se havia "materializado" na passagem em que Zeus o oferta à esposa (629-32):

DIONISO:
...
Opino que Rumor – assim parece –
forjou no pátio um lume, contra o qual

---

18. Cf. Dodds, *op. cit.*, p. 155.

Penteu investe; atinge a luz etérea
pensando jugular-me.

A duplicação do idêntico, ainda referente à luz, retorna no famoso episódio da visão de Penteu, à saída do palácio (918-22):

Afigura-se a mim que o sol dobrou,
Tebas também dobrou, cidade sete-
-portas, e, guia, tu me pareces touro,
os cornos projetando-se do crânio –
taurificado ou já eras, antes, fera?

Desde a Antiguidade, associa-se essa visão ao estado de embriaguês ou de alucinação[19]. Fosse Eurípides um filósofo racionalista, diríamos que ele pretendeu caracterizar negativamente o universo sensível, numa cena em que Penteu é manipulado pelo deus, sendo incapaz, portanto, de compreender o que está à sua volta. A visão do rei tebano pode, todavia, ser interpretada de outro modo. É verdade que Penteu não compreende o que vê, mas o que vê é a reprodução idêntica do mesmo seguida da reprodução do mesmo em outro. São duas características importantes da linguagem artística, capaz de mimetizar o aparente e de reinventá-lo em outra forma, que Penteu, com sua visão estreita, não percebe. A invenção acaba tendo efeito retrospectivo, pois o rei considera a hipótese de o passado ter sido igual ao presente, que lhe parece, contudo, diverso. O dramaturgo

---

19. Ver Charles Segal, "Pentheus' Vision: *Bacchae* 918-22", *Classical Quarterly* 37 (1987), pp. 76-78.

antecipa de certo modo a conhecida passagem da *Poética* (1451b), em que Aristóteles, ao defender a superioridade da poesia em relação à história, observa que a segunda "fala do que ocorreu", enquanto a primeira, "do que poderia ocorrer". Sem se dar conta do alcance de seu discurso, Penteu cogita da possibilidade de o passado ter sido a invenção poética do presente.

Mas retornemos ao episódio do nascimento do segundo Dioniso. Qual o sentido desse mito? Hans Oranje considera-o "uma sátira aguda do poeta à sofística" e indaga: "Que tipo de especulação séria pode alguém querer encontrar numa tal história?"[20] Segundo interpreto, ao enfatizar a função da analogia no processo de criação verbal (*méros/ merós/hómeros*), Eurípides elabora um mito sobre a própria atividade poética e atribui a Zeus a função de protopoeta. Note-se que, segundo o autor, é a forma que gera o conteúdo poético. Isso acaba criando dificuldade para o tradutor conteudista que, embora defensor da fidelidade, revela-se traidor de Eurípides, ao anular um mito que, para ser compreendido, deve ser necessariamente vertido em seus elementos formais. E, ao se mostrar infiel a Eurípides, exibe a fragilidade de seu projeto.

Talvez por esse motivo *metastésantes* (296) não seja transposto por "metástase" em nenhuma das versões que pude consultar (em sua edição crítica do drama, Dodds elucida a passagem: "pela troca de palavras, eles elaboram a história"[21]).

---

20. Hans Oranje, *Euripides' Bacchae: The Play and Its Audience*, Leiden, Brill, 1984, p. 46.
21. *Op. cit.*, p. 108.

Importa pouco, a meu ver, o fato de só mais tarde a retórica usar essa palavra para caracterizar o fenômeno verbal a partir do qual Eurípides cria o mito. A questão fundamental é que o escritor a emprega para descrever um mecanismo relevante da criação poética, que procurei preservar através da relação entre setor/penhor/Senhor (291-96):

> Zeus contramaquinou qual faz um deus:
> um setor do céu seccionando circum-
> -térreo, fez e deu a Hera, qual penhor
> da querela, uma cópia de Dioniso.
> Com o passar do tempo os homens dizem:
> "Ele é o Senhor-do-fêmur do Cronida!",
> mera metástase de nome.

A importância desse mito na linguagem da peça não é pequena. Surpreende que, às vezes, os tradutores aparentemente desconsiderem a bibliografia crítica sobre *As Bacantes*, embora familiarizados com ela. A vingança de Dioniso ocorre por ele não ser reconhecido como filho de Zeus e, portanto, como deus. Pois bem, logo no primeiro verso, Eurípides fundamenta esse parentesco no plano formal, conforme assinala Dodds, que considera provável a relação etimológica entre DIOS ("de Zeus") e DIO-NISOS ("filho de Zeus"), dada como certa por Verdenius.[22] Dodds cita os demais versos em que essa relação está presente. Menciono-os a seguir, acompanhados das traduções em que tentei recuperar algo do efeito do original.

---

22. Ver Dodds, *op. cit.*, p. 62; W. J. Verdenius, "Notes on Euripides, *Bacchae*", *Mnemosyne* 15 (1962), p. 337.

V. 1: DIOS pais... DIONISOS
Deus, filho de Zeus, chego a Tebas ctônia,
Dioniso.

V. 27: DIONUSON... DIOS
Não é deus
Dioniso! Não é filho de Zeus!

V. 550: ho DIOS pai DIONUSE
Filho de Zeus,
deus Dioniso.

Pode-se dizer que Penteu morre de insensibilidade poética, pois se trata de uma morte anunciada poeticamente ao tirano, através da explicitação da etimologia de seu nome, que ele revela ignorar. Penteu morre por se enclausurar na lógica do chefe de Estado, por não perceber que seu nome é um índice. Fosse mais atento ao jogo verbal (dionisismo), Penteu não teria morrido. Refiro-me aos versos 367 e 508, onde *Pentheús* é associado a *pénthos* ("sofrimento").

V. 367:
Teu nome
penoso aos teus só traz pesar: Penteu!

V. 508:
Do nome teu, Penteu, pende o pesar.

Dioniso volta a aconselhar Penteu no verso 787, utilizando o mesmo recurso, só que relacionando, desta vez, *Pentheús* não mais a *pénthos*, mas ao verbo *peitho*, na forma *peíthe* ("és persuadido"). Dioniso observa ironicamente que "ouvindo minhas palavras, por nada te deixas convencer". Na verdade, Penteu é incapaz de ouvir a linguagem poética de Dioniso e por ela se deixar convencer:

> Persuade-te, Penteu, aprende eu te sugiro.

Mas fixemo-nos na palavra que já foi considerada "talvez a mais importante da peça": *sophós*[23]. Recorrente nas *Bacantes*, ela reflete o ambiente cultural de Atenas no século V a.C., marcado pela atuação dos sofistas. *Sophós* não tem, todavia, acepção única nessa tragédia. É possível que, ao empregar o termo no verso 266, Eurípides tivesse em mente os sofistas e os demagogos. Segundo Tirésias, é o "ponto de partida" o que fundamenta o discurso do sábio e não propriamente o talento oratório, embora esse último aspecto não deva ser negligenciado, como demonstra a réplica do próprio Tirésias (266-327) ao pronunciamento de Penteu, uma hábil peça de retórica[24].

Uma das respostas dadas por Eurípides à questão *tí tò sophón* (877: "Ser sábio, o que é?") encontra-se nos versos 895-96, que, como notou Dodds, antecipa a reflexão platônica sobre a relação entre *nomos* e *phýsis*, termos considerados antagônicos por outros pensadores. O coro afirma que o dionisismo, com seu valor de lei (*nomos*), baseia-se na própria natureza (*phýsis*):

---

23. Cf. Winnington-Ingram, *Euripides and Dionysus*, Amsterdã, 1969, p. 88.
24. Cf. Dodds, *op. 'cit.*, p. 103.

> Pensar o quanto é forte o demoníaco
> custa o mínimo,
> bem como o seu valor de lei no tempo extenso,
> eterno e conatural à natura.
>
> Ser sábio, o que é?

Através de que linguagem se conhece a potência demoníaca, cujo valor de lei decorre do fato de ela se fundamentar na natureza? Cito o trecho que talvez ajude a responder essa questão (395-99):

> Sabença não é sabedoria,
> pensar-se não-mortal.
> Breve a vida.
> Quem visa o deslimite
> perde o dia presente.

Não interpreto *sophón* ("sabença") como "engenhosidade" sofística, mas "conhecimento" em sentido geral. Mais importante é a tradução de *sophía* ("sabedoria") que concerne, na leitura que faço, à própria "sabedoria" poética. "Sabença não é sabedoria" significaria, portanto, que o verdadeiro conhecimento provém da poesia. O sentido de *sophón* nessa passagem não é muito diferente do que encontramos no verso 1005: ciência.

> Não invejo a ciência (*tò sophón*).
> Alegra-me caçar o que à luz
> transparece (*phanerá*)
> magno (*megála*) e diferente (*hétera*).

O autor recorre à imagem do caçador para definir a atividade do poeta, cuja tarefa é "perseguir" formulações que se manifestem (*phanerá*) diferentemente (*hétera*) da linguagem científica. *Hétera* é a "outridade" que particulariza o discurso poético, o ser outro do esperado, o estar fora do previsto. Na mitologia grega, quem simboliza essa figura do Outro é Dioniso, cujo universo situa-se num horizonte *paralógico* (940), à margem do discurso convencional. Não se deve concluir, entretanto, que sua linguagem seja irrefletida, como o próprio Dionisos observa a Penteu (939-40):

> Dirás "és meu amigo mais querido!",
> quando as vês a pensar à contralógica (*parà lógon*).

Imprevisível, Dioniso é responsável pela informação inédita (*hétera*), pelo discurso inovador. Não causa estranheza que o coro evoque Orfeu numa das mais belas passagens da peça (560-63), pois esse personagem mitológico simboliza justamente o caráter mágico da poesia, o poder transfigurador de sua linguagem, a criação ritualizada de um universo cuja lógica contraria as normas do senso comum:

> Talvez, agora, em Nisa
> fero-nutriz, ó Dio-
> niso tirsóforo, o tíaso tirso-
> -incitas? Nos cimos
> corícios? Nos pluri-
> arbóreos recintos olímpios,
> onde, outrora,
> Orfeu, à cítara,
> congregou árvores com música,
> congregou bestas insubmissas?

II

Através das metamorfoses dionisíacas, define-se o discurso da invenção. O caráter "novo" e "inovador" (os dois sentidos de *kainoús* no verso 650) do *logos* dionisíaco, Eurípides, ironicamente, faz com que seja registrado pelo próprio Penteu, o homem de Estado avesso à poesia:

A quem? Sempre renovas a linguagem.

Penteu não formula a questão com "que" (como se não entendesse a fala de Dioniso), mas com "quem", fazendo corresponder à novidade verbal a mudança de identidade de um personagem que permanece, contudo, o mesmo. Já na abertura da tragédia, Dioniso fala duas vezes de sua própria mutação epifânica. No verso 1020, o coro retoma o tema, invocando o deus em sua forma plural. O mesmo ocorrerá num dos versos finais da peça (1385: "muitas formas revestem deuses-demos"). Se, no verso 439, ficamos sabendo da expressão sorridente de Dioniso, nos versos 1020-1023, Eurípides cita a máscara com a qual o deus é representado (*prósopon*). Procurei marcar essa identidade entre expressão (riso) e elemento teatral (máscara), traduzindo *gelonti* por "sarcasmo", em lugar de "sorridente" (*máscara/sarcasm*o):

Aparece
touro,
dragão-serpente multicrâneo,
leão piroflâmeo!
Deixa te verem!
Ó Baco, máscara-sarcasmo,

em corda mortífera circumprende
o caça-fera!
Que tombe à horda mēnade!

Dioniso não só se manifesta de diferentes formas, mas em diferentes naturezas, sendo a principal delas a humana, conforme ele registra no prólogo (54-55: "Por isso, num mortal me transfiguro, / a forma antiga em natureza humana", *eis andrós phýsin*). O antropomorfismo dionisíaco se distingue do olímpico, que é sobretudo estratégico: mesmo quando atuam entre os homens, os deuses mantêm o distanciamento que os singulariza. A cosmologia olímpica, embora exiba aspectos da sociedade humana, caracteriza-se pela natureza imperecível de seus membros, e é com base em sua condição eterna que eles evidenciam a insignificância dos conflitos humanos. No final da peça, Cadmo, aniquilado, observa a Dioniso que sua ação, embora justa, é tão rancorosa quanto a de um mortal, com o que o deus concorda (1348). Os outros deuses gregos, quando se "humanizam", mudam de forma; Dioniso altera a própria natureza (*phýsin*). A incorporação do humano por Dioniso o distingue dos outros imortais. O sorriso de sua máscara exprime a tensão de um deus que, transubstanciado em homem, conhece *por dentro* sua epopeia trágica sem nela reconhecer-se.

A referência à máscara põe à luz outro aspecto importante do drama, o metateatral[25]. Eurípides fala muitas vezes da situação de alguém que vê outrem. Em alguns momentos, esse personagem é definido pelo mesmo termo com que se

---

25. Sobre essa questão, ver nota 2.

aludia ao público do teatro, como, por exemplo, no verso 1047, onde o mensageiro diz que Dioniso era o guia de Penteu para o "espetáculo" (*theoría*, "ação de ver um espetáculo", conforme Bailly). No verso 829, Dioniso pergunta se Penteu não mais deseja ser *theatés* ("espectador") das mênades. Nos versos 621-22, Dioniso relata que, enquanto Penteu aprisionava um touro, imaginando ser Dioniso, ele o observava em silêncio, sentado nas cercanias. Com esse recurso, Eurípides indica ao público a natureza artificial da linguagem do teatro e a função performática da plateia, coparticipante da encenação. Dioniso abandona momentaneamente a função de protagonista para adotar a de observador, e a cena a que ele assiste é ilusória (alucinação de Penteu). Nos versos 810-16, Penteu afirma que empenharia seu tesouro para ver, sentado e em silêncio, as bacantes, um espetáculo que, embora doloroso, produziria prazer. O autor representa um tópico da filosofia de seu tempo, concernente ao caráter ilusório do mundo sensível. O teatro configura essa ilusão que, se por um lado, envolve a plateia, por outro, a distancia, ao se manifestar como linguagem. No final da peça, é a mudança de enfoque que permite à Agave reconhecer que a cabeça que transporta não é de um leão, mas de seu próprio filho. Aos olhos da plateia, contudo, ela carrega uma máscara (1264-84).

Com base em cenas desse tipo, somos levados a pensar que Eurípides, no final da vida, reflete sobre noções fundamentais do teatro grego. Um dos verbos que Homero utiliza para "responder" é *hypokrínasthai* (*Il.* 7, 407; *Od.* 2, 111). Todavia, em outras passagens do poeta épico, esse termo ganha sentido mais específico: "interpretar" a mensagem enigmática do sonho ou do prodígio divino (*Il.* 12, 228; *Od.* 19,535,555). A partir do século V a.C., *hypokrínasthai* passa a significar também "desempenhar um papel" no âmbito do teatro e, com base nele, cria-se o substantivo *hypokrités*: ator. Sem entrar na discussão sobre a etimologia de *hypokrités*, que tanto poderia derivar da noção de "interpretação" (de um mito, de um texto), quanto de "resposta" (considerando a introdução do segundo ator por Ésquilo, responsável pelo traço dialógico da tragédia)[26], pode-se afirmar que, nas *Bacantes*, a função de intérprete cabe ao espectador. Mas, ao mesmo tempo, ao apresentar Dioniso desempenhando o papel de espectador, Eurípides, de certo modo, transfere ao público a função de *hypokrités*, "ator". Através da representação do espectador como ator do espetáculo dionisíaco, o dramaturgo sugere que os critérios de avaliação sejam buscados no âmbito da própria representação.

Sabemos que, desde o período micênico, Dioniso, um deus grego, embora quase ausente do *epos* heroico, é bastante referido no chamado ciclo troiano[27]. Por outro lado, vários temas das *Bacantes* eram convencionais na época de Eurípides, recorrentes na obra de outros trágicos,

---

26. Sobre essa questão, ver, por exemplo, Gerald Else, "ΥΠΟΚΡΙΤΗΣ", *Wiener Studien* 72 (1959), pp. 75-107; Pickard-Cambridge, *The Dramatic Festivals of Athens*, Oxford U.P., 1968, pp. 126-127.
27. Ver G. Aurélio Privitera, *Dioniso in Omero e nella poesia greca arcaica*, Edizioni dell'Ateneo, 1970.

como Ésquilo[28]. Cabe registrar também que não há qualquer sinal de menadismo na região ática, apesar dos 1190 metros do monte Pentelikós e dos 1413 do Parnés, como se observou recentemente[29]. Eurípides teria presenciado o fenômeno do menadismo na Macedônia, onde, de acordo com Plutarco (*Vida de Alexandre o Grande*), esse culto era frequente. Na ausência de dados seguros sobre o assunto, nada impede que se aceite essa hipótese. Ela não altera, contudo, um fato importante: o poeta viveu numa época em que as discussões sobre linguagem ganham peso extraordinário no ambiente intelectual ateniense. Não é o caso de voltar a identificar Eurípides com os sofistas, como o fizeram Aristófanes e Nietzsche, mas de destacar, conforme se ponderou há pouco, "a criatividade e a natureza de vanguarda do trabalho de Eurípides, por exemplo, em aspectos como autoconsciência da retórica, da estrutura formal, metateatral..."[30]. Nesse sentido, a tradução atenta à forma pode oferecer subsídios à releitura do "mais trágico dos poetas" (*Poética* 1453ª29-30).

---

28. Ver Robin Osborne, "The Ecstasy and the Tragedy: Varieties of Religious Experience in Art, Drama, and Society" em C. Pelling (ed.), *Greek Tragedy and the Historian*, Oxford U.P., 1997, p. 192.
29. Albert Henrichs, "Between Country and City: Dionysus in Attica" em Mark Griffith e Donald Mastronarde (eds.), *Cabinet of the Muses*, Scholars Press, 1990, p. 264.
30. Donald Mastronarde, "Euripidean Tragedy and Genre: The Terminology and its Problems", *Illinois Classical Studies* 24-25 (1999-2000), p. 34.

III

No século XX, a peça foi lida como obra de um racionalista contrário a correntes religiosas de seu tempo, cujo protagonista não seria um deus, mas um impostor[31]. Contra essa interpretação, Dodds viu nas *Bacantes* a representação da irracionalidade. Embora contextualize sua análise com dados culturais gregos, Dodds valoriza o caráter trans-histórico do que chamamos irracional. Recentemente, se tem afirmado que o culto de mistério seria a fonte do drama, uma cerimônia à qual Dioniso esteve ligado pelo menos desde o século VI a.C.[32] A leitura da tragédia com base no que ela é – criação verbal voltada para encenação – traz algumas vantagens. Em primeiro lugar, nos libera da necessidade de buscar uma intenção secreta do autor em transmitir alguma mensagem oculta, como se ele estivesse defendendo, no fundo, uma tese versificada. Por outro lado, nos permite observar que a coerência do personagem-símbolo do teatro reside na diversidade e na contradição aparente. A exclusão do contraditório nada tem a ver com a linguagem teatral, segundo Eurípides, antes o inverso. O que o público presencia é uma epifania, cuja tensão nasce do fato de Dioniso

---

31. Cf. A. W. Verrall, *The Bacchants of Euripides and other Essays*, Cambridge, 1910, pp. 1-163; Gilbert Norwood, *The Riddle of the Bacchae*, University of Manchester Publications XXXI, Manchester, 1908.
32. Ver Richard Seaford, *Bacchae*, Aris & Phillips, 1996; Fritz Graf "Dionysian and Orphic Eschatology", Walter Burkert, "Bacchic *Teletai* in the Hellenistic Age", em Thomas Carpenter e Christopher Faraone (eds.), *Masks of Dionysus*, Cornell University Press, 1993, pp. 239-258, 259-275.

conter em si o seu contrário. O teatro é a epifania do encontro e sobreposição dos opostos. Por esse motivo, a noção de jogo parece tão importante na peça. Note-se que, no epílogo, registram-se dois aspectos fundamentais da manifestação divina, multiplicidade e imprevisibilidade:

> Muitas formas revestem deuses-demos.
> Muito cumprem à contraespera os numes.
> Não vigora o previsto.
> O poro do imprevisto o deus o encontra.
> Este ato assim conclui.

Num fragmento de Eurípides, lê-se: "Que eu possa cantar e dizer algo sábio (*sophón*), sem suscitar nada do que adoece a cidade"[33]. São versos que poderiam figurar como epígrafe das *Bacantes*, escrita por Eurípides num momento em que Atenas exibia sinais cada vez mais evidentes de fragilidade diante de Esparta, vencedora, em 404 a.C., quase dois anos após a morte do escritor, de uma guerra que se arrastara por vinte e sete anos. Longe da Atenas "multiatuante" (*polipragmosýne*), Eurípides amplia os limites de sua própria dicção poética. Pelo menos em um trecho do coro, como o que cito a seguir (386-95), o autor parece dialogar não com algum contemporâneo, mas com um escritor como Hölderlin:

> Ao língua solta,
> à insensatez do antilei,

---

33. Fragmento citado por Giuliana Lanata em *Poetica pre-platonica*, La Nuova Italia, Florença, 1963, p. 180.

o fim é a má fortuna.
A placidez vital de Bios,
a lucidez,
sustêm,
mantêm
imperturbada a morada.
Residentes no Éter,
longínquos,
os Uranidas vêem o afã humano.

Além da representação do olhar dionisíaco, há o olímpico. Ao contrário daquele, o último não é o olhar participante do espectador, mas distante e indiferente. Trata-se de um ponto de vista privilegiado, de onde se observa com abrangência o comportamento humano, em seu aspecto negativo (descontrole verbal e crime institucional) e positivo (lucidez intelectual e tranquilidade existencial). O dionisismo é a construção verbal capaz de configurar da maneira mais complexa a tensão que resulta de motivações conflitantes. Eurípides não conclui sua vida como apólogo da razão, nem como apóstolo do frenesi inebriante. Volta-se para a invenção de uma linguagem que represente os extremos do universo agônico e revele seus mecanismos de construção.

AS BACANTES

DIONISO

1   Deus, filho de Zeus, chego à Tebas ctônia,
    Dioniso. Deu-me à luz Semele cádmia.
    O raio – Zeus porta-fogo – fez-me o parto.
    Deus em mortal transfigurado, achego-me
5   ao rio Ismeno, ao minadouro dirceo.
    Avisto o memorial de minha mãe
    relampejada junto ao paço. Escombros
    de sua morada esfumam com o fogo,
    ainda flâmeo, de Zeus, ultraje eterno
10 de Hera contra Semele. Louvo Cadmo:
    sagrou à filha o espaço não-pisado,
    que circum-ocultei com verdes vinhas
    em cachos. Deixo Lídia e Frígia pluri-
    áureas; plainos da Pérsia calcinados;
15 Báctria emurada; a Média, terra gélida;
    Arábia venturosa; pleniaberta
    ao mar salino, a Ásia, onde, em tantas urbes
    de torres multilindas, grego e bárbaro
    compunham gigantesco aglomerado.
20 Na Grécia, por aqui me introduzi.

Fundei meu rito em coros dançarinos:
um deus-demônio, ao homem manifesto.
À terra dos tebanos vim primeiro.
A pele nébrida ajustei aos corpos
25 sobreululando, o tirso e o dardo de hera
dei-lhes. Me denegriu quem não devia,
as minhas tias maternas: "Não é deus
Dioniso! Não é filho de Zeus! Grávida
de outro qualquer, Semele o inculpou pela
30 própria falta." Sofismam, como Cadmo:
a mãe falsária, Zeus, então, matara-me!
Eis a razão de eu, para o monte, atraí-las,
maníacas de furor, fêmeas frenéticas.
Fêmeas tebanas portam, todas elas
35 forçadas, paramentos para a orgia,
tresloucadas, dos lares, todas, extra-
ditadas, turba entremesclada às Cádmias,
sob o cloroso abeto, sobre as pedras.
Malgrado seu, aprenda a cidadela
40 não ter sido iniciada em meus baqueus.
Da mãe Semele faço a apologia:
mostro-me um deus-demônio, o sêmen nela
de Zeus. Cadmo a Penteu, filho de uma outra
filha, outorga o apanágio de tirano-
45 -rei. Contra mim, Penteu move uma teomaquia: libações me nega e preces.
Por isso eu lhe indigito minha origem
divina, e a Tebas toda. Implanto aqui

o rito, e os pés, alhures, logo movo
50 em minha epifania. Mas se em furor
de hoplita a pólis planejar tirá-las
do pico, eu lutarei, chefiando as loucas.
Por isso, num mortal me transfiguro,
a forma antiga em natureza humana.
55 Atrás de nós ficou a serra tmólia,
baluarte lídio, ó fêmeas do meu tíaso,
companheiras de périplo e repouso!
Alçando frígios tímpanos, ó bárbaras,
invento de Mãe-Reia, meu próprio invento,
60 circundai a morada basileia,
ressoai – que o presencie a pólis de Cadmo!
Assim, voltando ao Ptýks, reentrância do
Citero, me reintegro ao coro báquico.

CORO
Deixando o solo asiático,
65 transposto o sacro Tmolo,
em penar prazeroso,
em dor indolor,
empenho-me por Brômio, deus-Rumor,
no louvor a Baco!
Quem passa pela rua?
Quem?
Quem está no palácio?
Cede espaço!
Silencie cada qual

a boca plenipura,
70 livre da má palavra.
Eu cantarei
eternos hinos dionísios.

Ó venturoso!
Por teu demônio bom,
o deus te instrui em seu mistério.
Consagra-lhe a vida imácula!
75 Anime o tíaso tua alma-psiquê,
nos montes – pura catarse! –
dionisa-te.
Cibele le-
gisla a orgia, máter magna!
Acima
o tirso
80 agita,
coroado de hera
– estefânio –
ao sacro serviço dionísio!
Vamos, bacantes!
O rumoroso deus, de um deus nascido,
85 Dioniso, conduzi dos montes frígios
à Grécia de amplas ruas – Brômio,
deus-Rumor.

O raio de Zeus voejando,
engravida Semele:

90 em espasmos de um parto imposto,
    a mãe do ventre prematuro o expulsa
    e morre sob o golpe do corisco.
95 Então Zeus o recebe
    num recesso-nascedouro:
    no fêmur recluso, preso
    com ágrafos dourados,
    o oculta a Hera.
    Ao ditame das Moiras, Zeus
100 deu à luz deus cornitáureo,
    coroado de serpentes-dragões.
    As mênades, por isso, circun-
    trançam nos cabelos ofídios cativos,
    famélicos de feras.

105 Ó Tebas, berço de Semele,
    hera estefânia te coroe!
    Aflore, aflore verde-cloro
    o smílax, belos frutos!
    Dionisa-te
110 com ramos de carvalho ou abeto!
    Entrama a veste nébrida
    furtacor
    com lanosas felpas brancas,
    empunha
    a furiosa férula,
    pleno de pureza!
    Pan-Geia, a terra toda em coro dança,

115 tão logo Brômio monte adentro, monte adentro,
tíaso-dançante
adentre.
A turba fêmea ali demora:
Dioniso a sequestrou com seu ferrão
das rocas e teares.

120 Ó tálamo-caverna dos Curetes,
sagrada Creta,
gruta natal de Zeus, onde
os Coribantes, elmos de três cristas,
inventaram-me o círculo
tenso-couráceo
125 do tambor.
No tenso bacanal,
sintonizam-no
ao suave sopro de flautas frígias,
e o põem nas mãos de Reia-Mãe:
trom
entre evoés a Baco!
130 E ensandecidos sátiros
recebem da deusa mãe
o instrumento de coros trianuais,
para o dionísio regozijo!

135 É doce nas montanhas,
girando em velozes tíasos,
tombar na terra,

vestindo a nébrida sagrada:
dar caça hircino-trágica
ao sangue capro –
gozo da carne crua!
Líder,
140 em montes frígios, lídios,
ei-lo a correr, o Arconte
Rumor: Evoé!
No solo
flui o leite,
flui o vinho,
flui o néctar do mel.
145 Baco alça,
fumo de incenso sírio,
a tocha flâmea,
deixa-a in-
flamar-se da férula.
À corrida e à dança,
incita o coro errante,
excita-o com seus gritos,
150 lança no ar sinuosas tranças.
À profusão de evoés, sobreclama:
"Bacantes, rápido!
Bacantes, rápido!
No luxo do áureo veio tmólio,
155 celebrai Dioniso,
ao rumor barítono dos tímpanos,
alegrai com evoés o deus Evoé,

gritos em língua frígia,
160 enquanto, sonora, a flauta-loto
sagra, com seu rumor,
o rito lúdico,
165 de quem se adentre monte adentro."
Potra que no prado salta
alegre
ao encalço da mãe,
perna-avante, pés-velozes, eis
a Bacante.

Tirésias
170 Quem monta guarda? Chame o Agenoreide
Cadmo! Saia fora do palácio. Vindo
de urbe sidônia, ergueu torres em Tebas.
Vamos! Alguém o avise que Tirésias
procura-o. Sabe por que vim aqui,
175 pois pactuamos – um sênex com um sênior–,
brandir o tirso, usar pelames nébridos,
coroar a fronte com hera frondosa.

Cadmo
Meu caro amigo! Ouvi e reconheci
a voz sábia de um sábio, no palácio.
180 Em paramento báquico, eis-me pronto.
O fato de uma filha minha ser
mãe de Dioniso – um deus entre os mortais –,
nos preme a ressaltar sua magnitude.

Urge dançar! Mas onde percutir
185　os pés, onde agitar melena cinza?
Explica a um velho, ó velho sapientíssimo!
Pulsar diuturno o solo com o tirso
não me tira a energia: doce é esquecer
a senectude!

TIRÉSIAS
Passas pelo que passo:
190　também eu adolesço ao dar-me à dança!

CADMO
De carro subiremos morro acima?

TIRÉSIAS
A honra divina assim depreciaríamos.

CADMO
Serei de um velho um velho pedagogo?

TIRÉSIAS
Nume incansável nos guiará, hegêmone.

CADMO
195　Em Tebas, ninguém mais a Baco dança?

TIRÉSIAS
Só nós pensamos bem; os outros, mal.

CADMO
Sem mais delongas, pega a minha mão!

TIRÉSIAS
Eis a minha: compomos um conjunto!

CADMO
De geração mortal, eu prezo os deuses.

TIRÉSIAS
200 Não sofismemos com os demos. Qual
Cronos, a tradição paterna: imêmore.
Inexiste argumento que a destrua,
mesmo se alguém, sutil, recorra à ciência.
"Lá vai, senil, no coro, um velho sem-
205 -vergonha" – alguém dirá –, "coroado de hera!"
Se é velho ou moço quem deva integrar
o coro, ao deus é igual: congraçamento
é o que deseja, obter honras de todos,
rejeita distinguir quem o engrandeça.

CADMO
210 Porque não vês a luz do dia, Tirésias,
serei teu porta-voz do acontecido.
Filho do Ofídio-Equíon, Penteu, a quem
meu trono transferi, se apressa ao paço.
Que nos quer informar assim aflito?

PENTEU

215 Durante a minha ausência desta terra,
pude escutar notícias más da pólis:
nossas mulheres abandonam lares,
fingindo-se inspiradas por Baco. Entram
em plúmbeos montes, coreografam danças;
220 pelo neodâimon, por Dioniso – seja
ele quem for! –, transbordam as crateras
no tíaso. Cada qual, a sós, num canto,
cede à vontade masculina. Mênades,
sacerdotisas de um ritual, alegam
225 ser; mas preferem Afrodite a Baco.
Em quantas pus as mãos, os carcereiros
mantêm-nas algemadas na cadeia;
quantas não capturei, caço nos montes:
quem me gerou, Agave, Ino também,
230 e a mãe de Actéon, Autônoe. Se as coloco
atrás das grades, ponho fim no sórdido
bacanal. Nos informam que chegou
da ctônia Lídia um forasteiro, um mago
impostor. Seus cabelos ondulados
235 exalam doce olor. Tem as maçãs
do rosto cor de vinho e o olhar de Cípris;
conviva de donzelas, noite e dia,
ensina-lhes evoés e os seus mistérios.
Se o agarro neste paço, nunca mais
240 brande seu tirso, nem ao vento solta

os cabelos: destronco-lhe o pescoço!
Ele diz que Dioniso é deus, outrora
costurado por Zeus à própria coxa,
quando o fulgor de um raio queimava-o com
245 sua mãe Semele (núpcias com Zeus Pai
ela inventara). O afrontador afronta-nos!
Seja ele quem for, não merece a forca?
Outro milagre! Vejo o escruta-signos
Tirésias envolvido numa nébrida
250 tigrada, e o meu avô, multirrisível
dionísio-porta-férula! Envergonha
olhar um par senil perder o juízo!
Joga fora a hera, põe no lixo o tirso,
ó pai de minha mãe, ó meu avô!
255 Persuadiste-o, Tirésias. Entre nós
infiltraste o neodâimon: sondar aves
queres, lucrar com vítimas combustas.
Não fosses protegido pelas cãs,
no meio das bacantes te amarrava,
260 promotor de mistérios perniciosos!
Introduzir mulher na festa em que
a uva brilha, aniquila o próprio rito.

CORO
Blasfêmia desonrar deuses e Cadmo,
que os dentes do dragão semeou! Teu pai
265 é o Ofídio-Equíon: tua própria estirpe ofendes?

TIRÉSIAS
Se temas de beleza traz à fala
o sábio, falar bem não lhe é problema.
Tu moves, ágil, língua de sensato,
mas sobra insensatez em tuas palavras.
270 Homem audaz, loquaz e poderoso,
se ajuíza mal, é um cidadão ruinoso.
Quanto ao deus-demo, o novo, de quem ris,
não poderia antecipar quão magno
será na Grécia. Em dúplice pilar,
275 assenta – moço – a humanidade: Terra
ou Deméter – nomeia-a como o queiras –,
de quem provém o nutrimento seco;
e seu êmulo, o filho de Semele,
que ao mundo trouxe o sumo invento: sumo
280 da vinha, licor puro! O triste anima-se
ao consumir a linfa da uva, fármaco
inigualável contra a dor, oblívio
do diário dissabor, o sono de Hipnos.
Deus nato, aos deuses vertem-no os homens,
285 por intermédio dele obtendo bens.
No próprio fêmur Zeus o costurou.
E disso ris? Comigo aprende o belo:
quando arrancou da chama do corisco
o deus infante, Zeus o pôs no Olimpo.
290 Hera do urânio-céu queria arrojá-lo.
Zeus contramaquinou qual faz um deus:

um setor do céu seccionando, circum-
-térreo, fez e deu a Hera, qual penhor
da querela, uma cópia de Dioniso.
295 Com o passar do tempo os homens dizem:
"Ele é o Senhor-do-fêmur do Cronida!",
mera metástase de nome. Um deus
à deusa penhorado. E vira história.
Ele é um demônio mântico: baqueu
300 e demente têm vínculo com mântica.
Quando o divino adentra fundo o corpo,
faz dizer o futuro a quem delira.
Da moira de Ares participa: o pânico
domina hoplitas, antes de tocarem
305 a lança: isso é loucura dionisíaca.
Verás o deus saltando rochas délficas,
sobre dois picos, empunhando o archote,
agitando e brandindo o ramo báquico,
magno na Hélade. Atenta, Penteu, peço-te:
310 não penses que o poder é dono do homem,
tampouco creias – há doença nessa crença! –
que saibas algo. Acolhe o deus em Tebas,
liba, dionisa-te, coroa-te de hera!
Dioniso não impõe moderação
315 à mulher, frente à Cípris; na natura
o moderar-se em tudo está presente.
Deves considerar que em bacanais
não se corrompe quem é moderada.
Te alegras quando o povo pára à porta

320 e exalta o nome de Penteu: "Penteu!"
Também àquele – penso – o honor agrada.
Eu, pois, e Cadmo (tu escarneces dele),
coroados de hera em coro dançaremos,
dupla grisalha sim – urge dançar!
325 Tua arenga não me induz à teomaquia.
És louco irremediável: droga alguma
te cura! Alguma droga te adoeceu!

Coro
Sênex, não falas com desdouro a Foibos,
e honoras, sábio, um megadeus: Rumor.

Cadmo
330 Tirésias, filho, acerta ao criticar-te.
Conforme a nós, aceita nossas normas!
Vagas, sem atinar que desatinas.
Mesmo se um deus não for, como o propagas,
afirma-o tu – pois bela é a pseudo-história:
335 Semele é tida como mãe de um deus,
nos cumulando e aos nossos de prestígio.
Recorda a Moira mísera de Actéon,
a quem as perras carniceiras, antes
fiéis, carnearam, por se arrogar melhor
340 caçador que Ártemis, em montes férteis.
Evita o seu sofrer! Coroado de hera,
honora o deus em nossa companhia!

PENTEU

Fica longe de mim! Vai dionisar-te!
Não queiras me infectar com tua folia.
345 Justiçarei esse didata-mestre
de tua loucura. Um servo acorra logo
ao trono de onde o ornitomante sonda
os pássaros. Tridente e pique em punho,
arrevese e revire tudo, arroje
350 ao vendaval suas ínfulas e nastros!
Minha mordida, assim doerá bem mais.
À cidade, os demais! Sigam o rastro
desse alienígena adamado, porta-
-doença nova à mulher, enódoa-leitos.
355 Nele metendo as mãos, trazei-o a mim
amarrado. Que morra apedrejado!
De fel serão seus bacanais em Tebas!

TIRÉSIAS

Desgraçado! Sequer da própria fala
te assenhoras. Amalucou de vez
360 o já demente! Vamos, Cadmo! Embora
seja um bruto, por ele supliquemos
e por Tebas: que o deus não nos desfira
um golpe súbito! Empunhando o báculo,
os corpos mutuamente sustentemos:
365 Vexame um par senil se esborrachar
no chão. A Baco urge servir! Teu nome
penoso aos teus só traz pesar: Penteu!

Não vaticino, falo só dos fatos:
o tolo fala apenas suas tolices.

CORO
370 Pureza, augusta divindade!
Pureza, paira,
asas-ouro, sobre a terra!
Ouviste o que Penteu vociferou?
Ouviste-o, impuro,
375 bramir contra Brômio
Semélio,
dâimon primaz
entre os Celícolas,
à mesa engalanada dos banquetes
caliestefânios?
Cabe ao deus
coreografar o tíaso,
380 sorrir ao som da flauta,
desanuviar o ânimo,
quando
a vide esplende – túmida –
no simpósio divino,
385 e a cratera circunverte o sono de Hipnos
entre os homens,
nas festas que a hera cinge.

Ao língua-solta,
à insensatez do antilei,

o fim é a má fortuna.
A placidez vital de Bios,
390 a lucidez,
sustêm,
mantêm
imperturbada a morada.
Residentes no Éter,
longínquos,
os Uranidas vêem o afã humano.
395 Sabença não é sabedoria,
pensar-se não-mortal.
Breve a vida.
Quem visa o deslimite,
perde o dia presente.
400 Só louco assim procede,
ou – julgo –
um malevolente.

Pudera eu estar em Chipre,
ínsula afrodisíaca,
405 onde habitam Amores
fascina-corações;
ou em Pafos,
carente de intempérie, mas frutífera,
por cem bocas que jorram do rio bárbaro;
ou na Piéria pluribela,
sagrada encosta olímpia,

410   séde musical das Musas.
Guia-me, Rumor, Rumor,
dâimon pró-baqueu: Evoé!
Lá – o charme das Graças;
415   lá – Póthos, o Desejo;
lá – a lei da orgia báquica!

Ao demo-deus,
filho de Zeus,
alegra a flor da festa,
apraz a Paz,
doadora-de-riqueza,
420   deusa nutriz de jovens.
Equânime,
ele concede ao rico e ao pobre
o júbilo antimágoa do vinho!
Mas odeia quem insiste,
à luz do dia
425   e à noite amiga,
no estar de mal com a vida.
Sábio é manter
o coração e a mente
longe do cerco de arrogantes.
430   O que o vulgo,
a massa mais depauperada
recolhe e acolhe
para mim é dádiva!

SERVO
Nosso esforço, Penteu, foi compensado:
435 conforme nos mandaste, aprisionamos
a presa. A fera acompanhou-nos, mansa:
os pés não refugou, as mãos nos deu.
Não descorou-lhe o vinho das maçãs
do rosto ao se entregar, rindo, à prisão;
440 facilitou, gentil, o meu ofício.
Sem jeito, disse-lhe: "Estrangeiro, prende-te
Penteu, não eu! Só cumpro seu edito."
Quanto às bacantes, presas e algemadas,
já no cárcere público da pólis,
445 elas invadem lépidas os montes,
sobreinvocam Rumor, seu deus, libertas:
dos pés seus grilhões se autodesataram,
mãos não de homens as portas destravaram-lhes.
O tal recém-chegado a urbe é pródigo
450 em prodígios. O resto a ti compete.

PENTEU
Podem soltar-lhe as mãos, já caiu na rede;
não é uma flecha que me escape lesta.
Teu corpo, forasteiro, é escultural,
aos olhos das mulheres, por quem chegas.
455 Do pugilato é que não vêm madeixas
densas a orlar teu rosto, voluptuosas;
cultivas o brancor da tez, avesso
aos dardos de Hélio-Sol (amas a sombra).

Teus amavios cativam Afrodite.
460 Começa pelo início: qual tua origem?

Dioniso
É fácil responder-te, sem vanglória:
alguém já te falou do flóreo Tmolo?

Penteu
Sim. A cadeia que envolve a urbe Sárdea.

Dioniso
De lá eu vim; a Lídia é a minha pátria.

Penteu
465 E de onde trazes teus mistérios à Hélade?

Dioniso
Dioniso, filho de Zeus, nisso instruiu-me.

Penteu
Há um Zeus local, patriarca de outros deuses?

Dioniso
É o mesmo Zeus que aqui esposou Semele.

Penteu
De noite te coagiu? Viste seus olhos?

DIONISO
470 Ele olha no olho ao conduzir a orgia.

PENTEU
E essa orgia, de que forma configura-se?

DIONISO
É saber interdito aos não-dionísios.

PENTEU
Mas qual vantagem traz a seu ministro?

DIONISO
Não te é lícito ouvir mas bom sabê-lo.

PENTEU
475 Pretendes me encantar com fala falsa?

DIONISO
Nos ritos tem-se horror ao homem ímpio.

PENTEU
O deus, como era, já que o viste às claras?

DIONISO
Como bem entendia. Nada eu lhe impunha.

PENTEU
Outra fala vazia de um evasivo.

DIONISO
480 Ao tolo o dito sábio é um disparate.

PENTEU
Aqui primeiro, o demo introduziste?

DIONISO
Só coreografam essa orgia os bárbaros.

PENTEU
Pois, no pensar, são piores que os helenos.

DIONISO
São melhores: adotam outras normas.

PENTEU
485 Celebras ritos diurnos ou noturnos?

DIONISO
Noturnos sobretudo. A treva é sacra.

PENTEU
Para as mulheres, uma burla sórdida.

DIONISO
Também de dia o torpe mostra a cara.

PENTEU
Deves pagar por teus sofismas pérfidos.

DIONISO
490 Tu, pela estupidez, que ofende os deuses!

PENTEU
Um Baco audaz, ginasta da linguagem!

DIONISO
A mim, que mal tremendo me reservas?

PENTEU
Primeiro cortarei tuas belas tranças.

DIONISO
Consagro ao deus minhas melenas sacras.

PENTEU
495 Depois me apropriarei desse teu tirso.

DIONISO
Porto-o por Baco. Queres? Vem tomá-lo!

PENTEU
Teu corpo manterei detrás das grades.

DIONISO
O deus me livrará, quando eu o queira.

PENTEU
Quando o invocares com teu bando báquico?

DIONISO
500   O que eu padeço agora aqui, ele vê.

PENTEU
Onde? Que ao meu olhar não é visível?

DIONISO
Não o vês comigo, porque és um sacrílego.

PENTEU
Encarcerai-o, que ofende a mim e a Tebas!

DIONISO
Fala o ciente aos inscientes: não me prendam!

PENTEU
505   Insisto: o meu poder supera o teu.

DIONISO
Ignoras o que falas, fazes, és!

PENTEU
Penteu, filho do Ofídio-Equíon e Agave.

DIONISO
Do teu nome, Penteu, pende o pesar.

PENTEU
Prendei-o nos estábulos equinos;
510   que encare assim o breu da escuridão!
Pratica lá tua dança! Quanto às cúmplices
no cortejo nefasto, ou eu as vendo
ou delas faço fâmulas ao tear.
Já chega de tam-tans e tamborim!

DIONISO
515   Irei. Não devo padecer o que
não deva. A conta desse ultraje cobra-a
quem dizes não haver: Dioniso, o deus.
Injustiçando-me, ao deus encarceras.

CORO
Ó filha do Aquelôo, ninfeia bela,
520   Dirke divina!
Em tuas fontes acolheste o infante,
quando Zeus,

seu genitor,
do fogo imorredouro o trans-
ladou
à coxa, sobre-
clamando:
525 "Vem, Ditirambo,
adentra o ventre masculino;
sobreanuncio teu nome a Tebas
— Baco! — que assim devem chamar-te."
530 E tu, ó venturosa Dirke,
me repulsas,
porta-guirlandas, condutor de tíasos?
Por que me evitas?
Por que me exilas?
Um dia,
pelo esplendor de racimos,
535 dionisarás!,
os tributos rendendo ao deus-Rumor.

Quanta iracúndia sobre-
-exibe a ctônia
progênie re-
velada do dragão-serpente,
Penteu,
540 a quem o Ofídio-Equíon gerou,
ctônio,
monstro olho-feroz,
não criatura humana,

antes gigante sanguinário antípoda
dos deuses!
545 Seus grilhões vão constranger-me,
ancila de Rumor.
Já retém no palácio,
na tenebrosa cripta do cárcere,
meu guia no tíaso.
Filho de Zeus,
deus Dioniso,
550 vês teus ministros
compelidos à luta?
Vem!
Sobre-
vibra o tirso
olhiouro,
Olimpo
abaixo,
coíbe a hýbris do macho
555 sanguinário!

Talvez, agora, em Nisa
fero-nutriz, ó Dio-
niso tirsóforo, o tíaso tirso-
-incitas? Nos cimos
560 corícios? Nos pluri-
arbóreos recintos olímpios,
onde, outrora,
Orfeu, à cítara,

congregou árvores com música,
565 congregou bestas insubmissas?
Ó Piéria venturosa,
Evoé, o deus, venera-te;
virá coreografar o coro das bacantes,
transposto o Áxio, célere afluente
570 – guia de mênades rodopiantes! –,
depois o pátrio Lídias,
próspero doador aos mortais
de boa fortuna,
que, em águas cristalinas,
– dizem –
575 fecunda região de corcéis lindos.

DIONISO
Ei!
Ouvi a mim, ouvi a minha voz!
Ei! Bacantes!

CORO
Quem é? Quem? De onde me sobrerreclama
580 o clamor? De Evoé?

DIONISO
Ei! Eu me repito: Ei!
É o filho de Semele e Zeus.

CORO
Senhor! Senhor!
Integra o nosso tíaso,
ó Rumor, deus Rumor!

DIONISO
585 Ó Sismo augusto, abala os alicerces!

CORO
Ah!
O paço de Penteu logo estremece
e se espedaça.
Dioniso adentra o paço.
Venerai-o!
590 Veneremo-lo!
Olhai! Por sobre o colunário
dançam traves marmóreas!
É o deus Rumor quem no interior ulula!

DIONISO
O raio olho-de-fogo relampeja!
595 Inflama, inflama a casa de Penteu!

CORO
Ah!
O fogaréu, não vês como fulgura
em torno à tumba sacra de Semele?
É a flama do trovão, o lança-chamas

de Zeus,
que outrora deixou-a,
fulminada.
600 Arremessai ao solo, ó mênades,
trêmulos corpos!
Arremessai!
Ánaks, deus-Rei, assalta,
subjuga,
revira o paço,
progênie de Zeus.

DIONISO
Fobia de medo vos aterra, ó bárbaras?
605 Por isso vos prostrais? Baco – presumo –
foi visto a derrocar a casa régia.
Por que somatizar tremores? Sus!

CORO
Ó megaluz do bacanal de Evoé,
me alegro: a solidão me era desértica.

DIONISO
610 Desanimastes quando me levaram,
a fim de submeter-me à cela escura?

CORO
Quem olharia por mim, se te arruinasses?
Mas como te livraste do homem ímpio?

DIONISO
A mim mesmo salvei, sem mais fadiga.

CORO
⁶¹⁵ As mãos, não as prendiam duras algemas?

DIONISO
Nisso o humilhei. Me imaginava preso,
mas, pastor de ilusões, nem me tocara.
Qual um touro, me viu posto no estábulo;
os joelhos circum-amarrou-lhe e os cascos;
⁶²⁰ furiosamente bufa e o suor lhe escorre
a cântaros; remorde os beiços. Quieto
espectador da cena, eu contemplava-o.
Baco, então, treme o paço e inflama o túmulo
materno. O solar todo em chamas, vendo-o,
⁶²⁵ Penteu no vai e vem demanda aos fâmulos
água do flúmen, num esforço inútil.
Não mais se empenha. Como se eu fugisse,
empunha o gládio negro e invade o paço.
Opino que Rumor – assim parece –
⁶³⁰ forjou no pátio um lume, contra o qual
Penteu investe; atinge a luz etérea,
pensando jugular-me. Baco aumenta
sua aflição pondo abaixo o paço – escombros!
Minha prisão custou-lhe caro. Exausto,
larga a espada. Mortal, ousou guerrear
⁶³⁵ contra um nume. Me junto a vós, deixando

em paz o paço. O rei não me preocupa.
Presumo ouvir o salto de suas botas
ecoando à frente. O que nos vem dizer?
640 Mantenho a calma, ainda que amarre a cara:
o sábio nunca perde a compostura.

PENTEU
Padeço dura pena! Me escapou
o estrangeiro, que algemas constrangiam.
Não!
645 Mas ei-lo aqui! Não posso crer! Plantado,
ó evadido, perante o paço páras?

DIONISO
Refreia o passo! Pisa calmo a cólera!

PENTEU
Como, desalgemado, te evadiste?

DIONISO
Não disse que o faria? Tu não me ouviste?

PENTEU
650 A quem? Sempre renovas a linguagem.

DIONISO
Ao que aos mortais germina plurivinhas.

Penteu
..............................……

Dioniso
Que belos impropérios contra o deus!

Penteu
Formem um cinturão em torno à torre!

Dioniso
Mas por quê? Deuses não transpõem muralhas?

Penteu
655 Ó sábio! És sábio, exceto em que não sabes.

Dioniso
No que devo saber, nasci um sábio.
Melhor ouvir primeiro qual mensagem
o núncio da montanha comunica-nos.
Minha palavra empenho: ninguém foge.

Mensageiro
660 Penteu, senhor da ctônia Tebas, chego
do Citero, onde a branca neve nunca
pára de sobredardejar fulgores.

Penteu
E que mensagem trazes tão urgente?

MENSAGEIRO
Vi sagradas bacantes. Seus pés pálidos
665 eram flechas movidas por furor.
Venho informar-te, ó rei, e à pólis: quanto
fazem supera o imaginável. Quero
saber primeiro se posso me abrir
inteiramente ou devo censurar-me,
670 pois temo a incontinência de tua têmpera,
teu sangue quente, basileu, o excesso.

PENTEU
Fala à vontade, tens o meu respaldo:
não se deve agredir um homem reto.
Quanto mais alto soarem seus agravos,
675 tanto há de ser mais dura a pena contra
quem às mulheres ministrou tais artes.

MENSAGEIRO
À grimpa de uma encosta, eu mal tocara
a manada, no horário em que Hélio-Sol
aquece a ctônia terra com suas setas,
680 e vi, em triplo tíaso, os femininos
coros: a um liderava Autônoe; ao outro,
Agave, tua mãe; Ino, o derradeiro.
Somatizavam sem tensão o sono:
em tufos de pinheiro umas pousavam
685 o dorso, outras, em folhas de carvalho
reclinavam a fronte recatadas,

e não, como dizias, ao som de flautas,
ébrias de vinho, lúbricas na selva,
buscavam Cípris. Quando ouviu mugir
690 o córneo boi, tua mãe gritou, no centro:
"Do corpo removei o sono de Hipnos!"
Do olhar, a sonolência foi expulsa.
Em pé, se nota o bem composto cosmo:
moças, matronas, virgens insubmissas
695 soltavam sobre a espádua a cabeleira,
reapertavam os frouxos nós das nébridas
e as peles tachetadas iam cingindo
com serpentes que lhes lambiam a face.
Outras erguiam cabritos, feras crias
700 lupinas, branco leite oferecendo-lhes
as que traziam os seios ainda túrgidos,
neofilhos renegados, hera à fronte,
floridas briônias, folhas de carvalho.
Alguém empunha o tirso e o pulsa à pedra,
705 de onde borbulha, cristalino, o arroio.
Arremessam a férula na terra
e exsurge a fluxo o vinho – quis o deus.
A desejosa do galácteo sorvo,
injetava no chão os próprios dedos,
710 colhendo o jato lácteo. De seus tirsos
de hera destilam doces rios de mel.
Se disso tudo foras testemunha,
evocarias o deus agora ofenso.
Em disputa verbal, mas paritária,

715 reunimo-nos vaqueiros e pastores,
embasbacados com prodígios tais.
E um desses que anda ao léu na pólis, bom
de prosa, a todos disse:"Moradores
dos montes sacros, desejais caçar
720 Agave, mãe do rei, dos bacanais,
e dele ganhar graça?" Pareceu-nos
hábil na parolagem. Escondemo-nos
entre arbustos. No horário costumeiro
em que brandiam o tirso para o rito,
725 invocaram o deus Rumor, uníssonas.
Tudo se dionisava, monte e feras,
nada era estático! Tudo corria!
Ao meu lado saltou Agave e eu dei
um bote, com o intuito de pegá-la,
730 moita vazia, que o meu corpo ocultara.
Sobregritou:"Cadelas minhas, ágeis,
esses homens nos caçam! Compareçam,
quais hoplitas, vibrando exímios tirsos".
Nossa fuga preserva-nos a vida
735 da dilaceração bacante; à mão
nua, atacam novilhas na pastagem.
Puderas ver naquelas mãos a vaca:
mamas repletas, bipartida, muge!
Houve quem o vitelo desmembrasse.
740 Era de ver o lombo e o casco – dupla
forquilha – a esmo lançados: gotejava,
sanguinolento, um charco dos abetos.

Cornos enraivecidos, touros antes
arrogantes jaziam estatelados,
745 abatidos por muitas mãos novatas.
Laceravam o invólucro das carnes,
mais ágeis que o bater das régias pálpebras.
Qual aves suspendidas por seu ímpeto,
cortavam a planície à beira-Asopo,
750 de onde os tebanos colhem rico trigo.
O Eritra, o Hísias, dois burgos no sopé
citéreo, qual se fossem inimigos,
invadem, deixam tudo revirado,
sequestram os infantes das moradas.
755 Quanto punham nos ombros, sem amarras,
não despencava à terra, equilibrado,
bronze ou ferro. Portavam nos cabelos
cacheados fogo – não queimava. Os homens,
exasperados com pilhagens báquicas,
760 armam-se. A cena, rei, era notável,
pois dardos alanceados não sangravam;
disparando seus próprios tirsos, elas
traumatizavam, dando-lhes as costas –
mulheres *versus* machos, mais o deus!
765 Ao ponto de partida retrocedem,
às fontes mesmas que do deus manaram.
O sangue limpam e dragões-serpentes
lambem o suor da cútis com a língua.
Seja quem for, ó déspota, esse demo,
770 posto que é magno, acolhe-o na cidade.

Dele mais dizem, como me inteirei:
aos homens trouxe a vinha acalma-a-dor.
Se não há vinho, não há Afrodite,
faltando ao homem, mágico, o deleite.

CORO

775 Embora tema apresentar um livre
parecer ao tirano, eu o apresento:
nenhum deus fica à frente de Dioniso.

PENTEU
É pior que pira ardente o insulto báquico;
um mega riso os gregos nos reservam!
780 Recuar? Jamais! Acorre à porta Electra,
a milícia porta-áspide convoca,
ginetes de cavalos patas-céleres,
quantos brandam o escudo leve e vibrem
o nervo do arco. À frente marcharei,
785 contra as dionísias: não suporto mais
sofrer o que sofremos das mulheres.

DIONISO
Persuade-te, Penteu, aprende, eu te
sugiro. Escuta o meu conselho. Mesmo
maltratado, direi: contra um deus não
790 te armes! Calma! Rumor, o deus, rejeita
que removas bacantes das montanhas!

PENTEU
Prescindo de lições. Restauro a pena?
Desprezas, evadido, a liberdade?

DIONISO
És homem e ele é deus. Um sacrifício
795 deves fazer, e não descontrolar-te!

PENTEU
Farei uma hecatombe de mulheres,
depois de ataranta-las no Citero!

DIONISO
Pois há de haver maciça fuga. Tirsos
hão de romper – vexame! – escudos brônzeos.

PENTEU
800 Esse estrangeiro só nos embaraça.
Não cala quando sofre ou quando ataca!

DIONISO
Ainda podemos reverter o caso!

PENTEU
Fazendo o quê? Servindo a quem me serve?

DIONISO
Sem recorrer à força, eu trago as fêmeas.

PENTEU
805 Pareces maquinar-me outra cilada.

DIONISO
De modo algum; te salvam minhas artes.

PENTEU
Conspirais pelo eterno dionisismo!

DIONISO
Conspiro? Sim, talvez, mas com o deus.

PENTEU
Trazei-me as armas; tu, nem mais um pio!

DIONISO
810 Ah!
Nos montes queres vê-las congregadas.

PENTEU
Exato, nisso empenho o meu tesouro.

DIONISO
Como Eros te enredou no megamor?

PENTEU
Eu as veria penosamente bêbadas.

DIONISO
815 Terias prazer em ver o que te aflige?

PENTEU
Certo, sentado quieto sob o abeto.

DIONISO
Com o faro que têm, elas te encontram.

PENTEU
Disseste-o bem; eu não me ocultarei.

DIONISO
Necessitas de um guia? Estás partindo?

PENTEU
820 Vamos, pois desaprovo tua demora.

DIONISO
Cobre o corpo com túnica de linho.

PENTEU
O que propões? Sou macho, não me adorno.

DIONISO
Te matarão, se virem homem lá.

PENTEU
Correto; és como um sábio de outras eras!

DIONISO
Nisso, Dioniso foi a nossa musa.

PENTEU
Como concretizar teus bons conselhos?

DIONISO
No paço cuidarei de tua toalete.

PENTEU
Toalete feminina? E o meu decoro?

DIONISO
Não mais queres fazer-te espectador?

PENTEU
Em que consistirá minha toalete?

DIONISO
Peruca longa ao crânio sobreponho-te.

PENTEU
É tudo ou pensas em outros adornos?

DIONISO
Peplo bem rente ao chão; à fronte a mitra.

PENTEU
É tudo, ou acrescentas algo mais?

DIONISO
835 Portas o tirso e a nébrida tigrada.

PENTEU
Não posso me vestir feito mulher!

DIONISO
Mas sangue correrá num prélio báquico.

PENTEU
Sim; devo começar pela espionagem.

DIONISO
Não é com mal que o sábio caça o mau.

PENTEU
840 E como, sem me virem, cruzo a pólis?

DIONISO
Por desertos desvios; eu cuido disso.

PENTEU
Não quero que bacantes me achincalhem.
Entremos, e decido o que é melhor.

DIONISO
Decides tu; só quero te ajudar.

PENTEU
⁸⁴⁵ Irei; ou como hoplita escalo os montes,
ou me submeterei aos teus conselhos.

DIONISO
Mulheres, o homem caiu em nossa rede;
até as bacantes vem, mas Dike, a Justa,
o mata. À ação, Dioniso-deus presente!
⁸⁵⁰ Urge puni-lo! Rouba-lhe a razão;
insânia leve infunde: se ajuizado,
não vai querer vestir-se de mulher,
mas quererá, se não tiver bom juízo.
Desejo que os tebanos riam do rei:
⁸⁵⁵ conduzo-o pela pólis, fêmeoforme,
outrora tão terrível nas ameaças...
Enfeitarei Penteu. Que baixe ao Hades
ínfero, pelas mãos da própria mãe
dilacerado! Saberá que Zeus
⁸⁶⁰ gerou à perfeição um deus: Dioniso,
entre terribilíssimo e gentil!

CORO
Em coros pan-noctâmbulos, eu, sobre-
dionísia, moverei o pé
níveo, a cerviz
865 lançando ao úmido céu,
qual corça lúdica
folga
em prazeroso prado verde,
a salvo da terrível caçada,
fora do risco
870 das redes bem tramadas.
O atiçador de cães vociferante
instiga a matilha,
e ela,
afanosa,
agílima a correr feito procela,
galopa pelo campo à beira-rio,
em júbilo
875 pelo deserto humano,
entre plantas selváticas,
folhames foscos.

Ser sábio, o que é?
É transcender o belo prêmio
aos mortais oferto pelos deuses?
É impor mãos vencedoras
880 à testa inimiga?
O belo sempre agrada.

Moroso, mas certeiro,
o poderio divino move-se:
885 pune o cultor da ignorância,
quem, com louco parecer,
não engrandece o nume.
Sutis,
os deuses ocultam
os passos delongados de Cronos,
890 e caçam o ímpio.
Cogitar de,
visar
ao que excede as normas? Não!
Pensar o quanto é forte o demoníaco
custa o mínimo,
895 bem como o seu valor de lei no tempo extenso,
eterno e conatural à natura.

Ser sábio, o que é?
É transcender o belo prêmio
aos mortais oferto pelos deuses?
É impor mãos vencedoras
900 à testa inimiga?
O belo sempre agrada.

Bom demo habita
quem foge ao temporal talásseo
e aporta.
Bom demo habita

quem vive à contrador.
905 Ao outro o outro é outrem,
se o ultrapassa em potência e riqueza.
Miríades, para miríades,
as esperanças:
umas resultam em riqueza,
outras se dissipam.
910 Quem vive dia a dia
o demo bom,
esse eu reputo venturoso.

Dioniso

Ei, tu que aspiras ver o que é vedado,
Penteu, com tentação pelo intentável,
sai do palácio, deixa eu contemplar-te!
915 Em fêmeos paramentos, louca báquica,
espião da própria mãe, de seu cortejo,
és um retrato nítido das Cádmias.

Penteu

Afigura-se a mim que o sol dobrou,
Tebas também dobrou, cidade sete-
920 -portas, e, guia, tu me pareces touro,
os cornos projetando-se do crânio –
taurificado ou já eras, antes, fera?

DIONISO
O deus outrora hostil nos acompanha,
aliou-se a nós. Tu vês qual deves ver.

PENTEU
925 Como pareço? Tenho o porte de Ino?
Tenho a postura maternal de Agave?

DIONISO
És elas! Quando vejo-te eu as vejo!
Mas penteia a melena decomposta,
que fixei com esmero sob a mitra.

PENTEU
930 No instante em que me dionisei, no vai
e vem lá dentro, foi que eu desgrenhei-a.

DIONISO
Mas como estou aqui para servir-te,
reponho-a em seu lugar. Ergue a cabeça!

PENTEU
Vai! Me adorna! Me entrego a ti agora!

DIONISO
935 Os calcanhares não te cobre a túnica
com dobras retas: teu cinto se afrouxa.

PENTEU
Também se me afigura, ao pé direito;
mas, do outro lado, cai perfeitamente.

DIONISO
Dirás "és meu amigo mais querido!",
940 quando as vês a pensar à contralógica.

PENTEU
Reproduzo fielmente as fêmeas báquicas,
o tirso à destra, ou à outra mão portando-o?

DIONISO
À mão direita, e o pé direito, juntos,
ergue! Mudaste o teu pensar. Bravíssimo!

PENTEU
945 Nos ombros poderia suster o monte
citéreo, além de todo o grupo báquico.

DIONISO
Querendo, o poderias. A mente outrora
insana, agora a tens como devias.

PENTEU
Levamos cunhas ou com mãos arranco
950 os cumes, apoiando-os no ombro e braço?

DIONISO
Não carece destruir templos ninfeios,
o posto de onde Pã ressoa a fístula.

PENTEU
Disseste-o bem, pois não se vencem fêmeas
com violência. Me oculto num abeto.

DIONISO
955 Te encripto em cripta qual cripta sói ser,
de onde escrutas furtivamente as mênades.

PENTEU
Estou a vê-las: aves em seus ninhos,
enredadas no amor de leitos cálidos.

DIONISO
Motivo pelo qual vais policiá-las;
960 talvez as prendas, se antes não te prendem.

PENTEU
Cruzemos, condutor, solo tebano,
pois ninguém mais – eu só! – a tanto atreve-se.

DIONISO
O único a padecer por Tebas, único!
A ti convém a luta que te aguarda.

965 Teu guia, teu sóter-salvador, te escolto.
Um outro condutor te traz de volta.

PENTEU
Quem me gerou, por certo.

DIONISO
E todos te assinalam.

PENTEU
Mal posso esperar.

DIONISO
Retornas carregado.

PENTEU
Me arrepia esse fato.

DIONISO
Nas mãos da própria mãe.

PENTEU
Assim eu desfaleço.

DIONISO
E desfalecerás!

PENTEU
970 Recebo o que eu mereço.

DIONISO
A prova singular singulariza
alguém tão singular: verás inscrita,
no urânio-céu, tua glória. Agave e irmãs
de sangue, mãos à frente! Trago o moço
975 ao megaembate. Se eu vencer, Rumor,
o deus, terá a vitória. Os fatos falam.

CORO
Ágeis perras da Fúria,
ide à montanha
onde as Cádmias mantêm o tíaso!
Instigai-as
contra o imitador de fêmeas
980 na indumentária,
enraivecido espião das loucas!
Primeiro a mãe o avista
olhando
de pedra lisa ou de um pináculo,
e apela às mênades:
985 "Quem corre monte a monte atrás,
atrás das Cádmias corre-montes?
Quem é o caça-bacante?
Sua mãe, quem o será?

Não herda sangue de mulher,
mas de leoa.
990 Ou Górgona o gerou na Líbia?

Reluz, ó Dike justiceira!
Porta-gládio, corta a goela
ao sem-deus, ao sem-lei, ao sem-dike,
995 sêmen do Ofídio-Equíon,
gerado em Geia-Terra.

Ignaro sem-dike,
o antilei agride,
circuncerca
tuas orgias, ó Baco, orgias maternas.
Louco no coração,
1000 quebrantado no querer,
almeja dominar à força
quem é invicto.
Irreversível, Tânatos impõe
prudência ante o divino.
Bios é indolor a quem se atém a ser humano.
1005 Não invejo a ciência.
Alegra-me caçar o que à luz
transparece
sempre
magno e diferente.
Viver o belo
fazer brilhar, sem mácula,

noite e dia
pio.
Rejeito o que sói ser soez,
1010 honoro os numes.

Reluz, ó Dike justiceira!
Porta-gládio, corta a goela
ao sem-deus, ao sem-lei, ao sem-dike,
1015 sêmen do Ofídio-Equíon,
gerado em Geia-Terra.

Aparece
touro,
dragão-serpente multicrânio,
leão piroflâmeo!
Deixa te verem!
1020 Ó Baco, máscara-sarcasmo,
em corda mortífera circumprende
o caça-fera!
Que tombe à horda mênade!

MENSAGEIRO
Ó casa do Sidônio sênex, antes
1025 tua boa estrela dava um norte à Grécia.
O dente ofídio do dragão à terra
Cadmo semeou: terrígena progênie.
Eu, um servo, deploro, leal ao chefe.

CORO
O que há? Nos trazes novidades báquicas?

MENSAGEIRO
1030 Penteu morreu, filho do Ofídio-Equíon.

CORO
Ó deus Rumor, quão magno te revelas!

MENSAGEIRO
Mulher, que disparate! Ouvi direito?
Te alegra o mal que acometeu o déspota?

CORO
Extra-comunitária, canto em bárbaro:
1035 Evoé! Pavor de algemas não me oprime!

MENSAGEIRO
Tebas sem homens, nisso crês?

CORO
Dioniso, Tebas não exerce mais
seu poder sobre mim!

MENSAGEIRO
Eu compreendo; contudo, não é belo
1040 se alegrar com a desventura alheia.

CORO
Mas como a Moira-Morte executou
o injusto promotor de injustas causas?

MENSAGEIRO
Abandonado o ctônio logradouro
tebano, o rio Asopo transpusemos,
1045 para ingressar na penha do Citero,
juntos, Penteu e eu, que era a sombra dele,
e o estranho, nosso guia para o espetáculo.
Sentamo-nos primeiro em vale flóreo,
travando a língua, moderando o passo,
1050 a fim de não nos verem quando as víssemos.
No estreito círculo abismal, transúmido,
plenifosco de pinhos, assentavam-se
as mênades, sem pena a se afanar.
Algumas já com tirsos despojados,
1055 os recoroavam com filames de hera;
potras livres do jugo rútilo, outras
alternavam a cantilena báquica.
Triste Penteu, sem ver a turba fêmea,
disse: "Estrangeiro, de onde nos postamos
1060 não descortino as mênades adúlteras;
de uma colina ou do alto de um abeto,
veria melhor quem age sem pudor."
Presenciei o prodígio do alienígena:
do abeto pega o sumo ramo urânio

1065 e o enverga, enverga, enverga ao solo negro;
arco recurvo ou giro de um compasso
que em seu circuito grafa em torno o círculo,
assim puxava o ramo da montanha,
fléxil, à terra, um feito sobre-humano.
1070 Acomoda Penteu sobre um dos galhos,
e enrista o ramo lentamente, acima,
sem fremir, para não catapultá-lo.
Firma-se no éter reto o reto abeto,
em cujo tronco o meu senhor montava.
1075 Antes de as ver, as loucas o notaram;
praticamente oculto no alto posto
(o estrangeiro, a essa altura, não-visível),
altíssona uma voz ressoou, etérea,
(era Dioniso, ao que parece): "Jovens,
1080 conduzo quem de vós, da orgia mofava,
ria dos ritos. A vós cabe a desforra!"
Falou. E ao Céu-Urânio e à Terra-Geia,
sagrado o lume em chamas acendeu.
O céu calou, calou no vale arbóreo
1085 o folhame, já não bramiam as feras.
O som a seus ouvidos pouco nítido,
eretas, circungiram as pupilas.
Ele reitera a voz de mando e claro
as moças cádmias captam quanto ordena:
1090 se arrojavam – agílimas columbas! –,
sincronizando os pés em sua corrida,
a mãe Agave, com irmãs de sangue,

todo o grupo. Por vale fluxo-frígido,
ravina, insanas, correm: sopra o deus,
1095 ao ver no abeto encavalado o déspota;
despedem uma saraivada pétrea;
como se fosse torre, a rocha escalam,
dardejando-o com galhos de pinheiro.
Outras jogaram através do céu
1100 tirsos em Penteu, triste escopo. Erraram.
O esforço delas não bastava para
atingir o infeliz, estupefato.
Então fulminam ramos de carvalho
e enraizam alavancas não-metálicas.
1105 Por não frutificarem seus esforços,
profere Agave: "Mênades, em círculo
postadas, abraçai o tronco, a besta
peguemos no poleiro, não será
núncio do coro arcano." Mãos, miríades
1110 delas, avançam, removendo o abeto.
Sentado no alto, do alto precipita-se
Penteu, multiplicando suas lamúrias
ao cair, do seu quase desastre cônscio.
Sacerdotisa da matança, a mãe
1115 o ataque principia. Tirando a mitra
– pois se o reconhecera, não matava-o
a desditosa Agave –, diz, e toca-lhe
a face: "Mãe, sou eu, Penteu, teu filho,
geraste-me no paço com o Ofídio-
1120 -Equíon. Deixa eu viver! Por erros meus,

não imoles a mim, que sou teu filho!"
Ela espuma e espirala, contorcendo,
pupilas, ignorando o que ignorar
não deveria: dionísia, não o ouvia.
¹¹²⁵ Agarra-o firme pelo braço esquerdo
e, impondo os pés no flanco do infeliz,
sem mais esforço, seu úmero arrancou –
facilidade às mãos o deus lhe dera.
Ino labora do outro lado, rompe
¹¹³⁰ a carne. Autônoe, todo o bando báquico
acomete em uníssono clamor.
Urrava enquanto a vida lhe soprou;
ululavam. Alguém portava um braço,
outra, com bota, os pés. Costelas nuas
¹¹³⁵ por dilaceração. Sangue nas mãos,
a carne dele jogam feito bola.
O corpo desmembrado jaz em ásperas
pedras, no denso matagal do bosque,
duro de achar. A mísera cabeça,
¹¹⁴⁰ por mero acaso quem a leva é a mãe,
infixa à cúspide do tirso (aos olhos
dela é de um leão montês); pelo Citero
vai, restam as irmãs no coro louco.
No gáudio do butim funesto, Agave
¹¹⁴⁵ cruza os muros e sobreclama a Baco,
sócio na caça e na carnificina

bélico ufana. Galardão: o pranto!
Quisera estar a léguas de distância,
antes de ver Agave ao lar tornada.
¹¹⁵⁰ Veneração divina e sensatez:
aos mortais, penso, não é dado ter
um bem de mais beleza e mais saber.

Coro
Em sobrecoro báquico,
sobreanunciemos o desastre de Penteu,
¹¹⁵⁵ progênie do dragão!
Vestido de mulher, ele empunhou
o báculo fidedigno
do Hades –
belotirso:
um táureo guia o arruinou.
¹¹⁶⁰ Cadmeias báquicas,
o ínclito epinício, belo
de vitória,
em lágrima e luto finda.
Luta, bela agonia:
a mão que estreita o filho
destila sangue.
¹¹⁶⁵ Agave se avizinha do palácio,
mãe de Penteu, pupilas contorcidas.
Acolhei o cortejo em festa: Evoé!

AGAVE
Bacantes asiáticas!

CORO
Me interpelas por quê?

AGAVE
Portamos da montanha ao paço,
¹¹⁷⁰   recém-cortado, um cacho,
fera egrégia.

CORO
Eu vejo. Ingressa em nossa festa!

AGAVE
Sem rede o capturei,
filhote de leão selvático,
¹¹⁷⁵   conforme o vês.

CORO
Provém de qual deserto?

AGAVE
Citero...

CORO
Citero?

AGAVE
...deu-lhe a morte.

CORO
Quem desferiu primeiro o golpe?

AGAVE
Eu tive a primazia:
1180 Agave, a felizarda, assim me chamam.

CORO
Alguém mais?

AGAVE
As Cádmias.

CORO
Cádmias?

AGAVE
Filhas de Cadmo,
depois de mim, depois de mim golpearam
a fera. O bem do acaso na caçada!

CORO
....

AGAVE
Partilhai o banquete!

CORO
Que banquete, infeliz?

AGAVE
1185 Um neonovilho:
sob a testa, no queixo, grácil,
recém lhe aflora um tufo de pelugem.

CORO
Parece juba de uma fera rude.

AGAVE
Baco, sapiente caçador, sapiente-
1190 mente à fera incitou as mênades.

CORO
O rei é caçador.

AGAVE
Louvas…

CORO
Louvo.

AGAVE
Em breve os Cadmeus...

CORO
E teu filho Penteu...

AGAVE
Será, para a mãe, todo-louvor,
1195 pela caça do leão selvático.

CORO
Presa sem par.

AGAVE
Ímpar.

CORO
Orgulhosa?

AGAVE
Jubilosa!
Com a caça cumpri vultoso
feito: magno, magnífico!

CORO
1200 Portadora-de-Nike, exibe, ó mísera,
a presa que transportas: tua vitória!

Ágave
Moradores da ctônia cidadela
tebana, linda-torre, olhai a caça
feroz que nós, as Cádmias – nós! –, caçamos,
1205 sem lança-dardos feito por Tessálios,
sem redes, com os dígitos das mãos
bracibrancas. Louvar a lança não
carece, nem o armeiro enriquecer.
Foi suficiente a mão para agarrar
1210 a fera e então carneá-la, desmembrada.
Onde meu pai se encontra? Vem, ó sênex!
Penteu, menino meu! No paço apóie
uma escada com sólidos degraus
e a cabeça do leão afixe à frisa!
1215 Quem o caçou fui eu, aqui presente!

Cadmo
Segui-me, fâmulos, e o triste peso
do meu Penteu depositai à porta.
Ao fim de longa busca trabalhosa,
o trago desde as dobras do Citero,
1220 dilacerado. O recolhi de mil
postos, jacente em selva inescrutável.
Da ação terribilíssima das minhas
filhas falaram-me, transposto o muro
com Tirésias, deixado o rito báquico.
1225 Então, refiz no monte a rota prévia,
soerguendo o filho morto pelas mênades.

Vi quem gerou Actéon para Aristeu,
Autônoe, e junto dela avistei Ino,
tristes, ainda no bosque, tresloucadas.
1230 Do retorno de Agave em passos báquicos
me informaram. Não escutei em vão,
posto que a vejo, cena de um mau demo.

AGAVE
Ó páter! Pai! Excedes em tua glória:
homem nenhum gerou estirpe símile.
1235 Por todas falo, mas por mim bem mais,
que abandonei, no tear, a minha roca,
caçando a fera à mão, empresa máxima.
Nos braços a transporto, podes vê-la,
troféu de mais valor. No teu palácio,
1240 há de ficar suspenso! Pai, segura-o!
Magnificado com minha façanha,
chama os amigos para banquetearmos.
Ventura ao venturoso: a proeza é nossa!

CADMO
Peno por teu Penteu enormemente!
1245 Com miserandas mãos o executastes.
Aos deuses ofereces bela vítima,
e à festa nos convocas, eu mais Tebas.
Teus males eu lamento, os meus também.
O deus Rumor nos pune com justiça,
1250 mas se excede, nascido no palácio.

AGAVE
Como a senilidade opila o fígado
e a vista do homem obnubila! Fôra
meu filho um caçador saído à mãe,
atrás de feras com os outros jovens
1255 tebanos, em lugar de fazer guerra
contra os deuses! É necessário, pai,
adverti-lo. Mas quem agora o traz
perante mim, de eudemonia possessa?

CADMO
Terrível sofrimento sofrereis,
1260 voltando ao senso. Se ficardes como
estais, parecereis, ainda que sem
boa fortuna, não ter fortuna má.

AGAVE
O que vai mal, o que te aflige assim?

CADMO
Primeiramente mira o céu acima.

AGAVE
1265 Olhei. O que pretendes que eu contemple?

CADMO
Se te afigura o mesmo, ou transformou-se?

AGAVE
Mais transluzente, o brilho se acentua.

CADMO
E ainda manténs tua ânima aturdida?

AGAVE
O que dizes não sei, mas à razão
1270 eu acho que voltei, mudei meu ânimo.

CADMO
Podes ouvir-me e responder-me claro?

AGAVE
O que dizíamos, pai, já não recordo.

CADMO
Entraste desposada em qual mansão?

AGAVE
De Equíon, nato de um dente dragontino.

CADMO
1275 Qual filho no palácio lhe geraste?

AGAVE
Penteu nasceu do enlace com Ofídio.

CADMO
De quem é a fronte que entre os braços trazes?

AGAVE
De um leão, tal qual diziam-me as caçadoras.

CADMO
Repara bem. Não custa examiná-la.

AGAVE
1280 Oh! O que vejo? Nas mãos carrego o quê?

CADMO
Fixa-te bem e o saberás melhor.

AGAVE
Oh! Vejo: dor imensa, desventura!

CADMO
A ti parece um ícone leonino?

AGAVE
Não! Porto – ó dor! – o crânio de Penteu.

CADMO
1285 Pranteei-o, antes que tu o reconheceras.

AGAVE
Quem o matou? Por que o tenho nas mãos?

CADMO
Oh, a destempo, é triste o desvelar!

AGAVE
Diz! Do que há de vir, dói-me o coração.

CADMO
Mataste-o tu, mais tuas irmãs de sangue.

AGAVE
Em que lugar morreu? Em casa? Como?

CADMO
Onde a matilha estraçalhara Actéon.

AGAVE
Por que foi ao Citero esse infeliz?

CADMO
Escarnecia do deus, dos seus baqueus.

AGAVE
Mas nós, como ganhamos tais paragens?

CADMO
Loucura; a pólis toda dionisou-se.

1295
AGAVE
Dioniso nos destruiu, entendo agora.

CADMO
Não o pensáveis deus; e o ultraje o ultraja.

AGAVE
E onde se encontra o corpo a mim tão caro?

CADMO
Penei para encontrá-lo e o trouxe aqui.

AGAVE
Reajuntaram-lhe os membros com decência?
1300 ....……

AGAVE
Penteu participou de minha insânia?

CADMO
A vós ele igualou-se, adverso ao deus,
que a todos nós reuniu num só castigo,
a vós e a ele, o palácio me arruinando,
1305 e a mim, privado de um varão na estirpe.
O fruto do teu ventre agora o vejo

morto, o pobre, tão torpe e tristemente!
Mantinhas o palácio, em ti a luz,
filho de minha filha, todos viam.
1310 Ninguém me maltratava, um velho, em face
a ti, o rei: fazias tremer a pólis,
penalizavas com o aval de Dike.
Do reino, agora banem-me sem honra,
a Cadmo, magno: a raça dos tebanos
1315 semeei; que bela seara eu colho agora!
Ó mais caro dos homens, mesmo ausente,
a mais ninguém devoto apreço idêntico!
Não mais me afagarás a barba com
a mão, nem, me abraçando, me dirás:
1320 "meu avô", perguntando: "quem te ofende
injustamente? Quem, mesquinho, aflige-te?
Fala-me, ó pai, que o injusto há de sofrer!"
Sou desgraçado, és miserável qual
tua própria mãe, Agave, e suas irmãs!
1325 Se alguém pretende sobrepor-se aos numes,
que atente à morte dele, creia nos deuses!

CORO
Sofro por ti: se pena merecida
teu neto recebeu, sofres demais.

AGAVE
Minha metamorfose, ó pai, percebes?
....

DIONISO
1330 Viras dragão, e tua mulher se enfera,
Harmonia, um ofídio, que o pai, Ares,
a ti, mortal, destina. Zeus prediz:
teu carro, bois guiarão, onde, com tua
mulher, carrearás bárbaros. Um amplo
1335 exército chefiando, arrasarás
muitas urbes. Terão retorno triste
por saquearem o oráculo do Oblíquo.
Ares te salvará, com tua mulher,
na ilha dos Venturosos entronando-te.
1340 Palavras de um não-nato de mortal,
mas de Zeus Pai, Dioniso. Fosseis lúcidos
quando não queríeis sê-lo, hoje teríeis
a afortunada ajuda de um bom dâimon.

CADMO
Nós suplicamos, deus, fomos injustos!

DIONISO
1345 Tarda o saber: não víeis quando o devíeis.

CADMO
Concordo, mas te excedes na violência.

DIONISO
De Zeus nascido, recebi ofensas.

CADMO
Um deus não deve irar-se como um homem.

DIONISO
Zeus Pai outrora me inspirou assim.

AGAVE
1350 Sênior, nos é imposto um triste exílio.

DIONISO
Por que não aceitais o inevitável?

CADMO
Eis, filha, o horror do golpe que a nós todos
atinge: a ti e a tuas irmãs e a mim,
um velho miserável, entre os bárbaros,
1355 sem lar. A voz do oráculo me obriga
a encabeçar confusa horda barbárica
contra a Grécia. Eu, dragão-serpente, minha
mulher conduzirei, Harmonia, serpe-
-dragão, direcionando lanças contra
1360 templos e tumbas gregas. Não terminam
os meus males, e não recobrarei
a paz, nem mesmo quando no Aqueronte.

AGAVE
E eu, sem tua companhia, ó pai, me exilo.

CADMO
Por que as mãos, infeliz, me circunlanças,
1365 qual cisne ao pobre pássaro grisalho?

AGAVE
Êxul, que direção eu vou tomar?

CADMO
Não sei, teu pai tem pouca serventia.

AGAVE
Adeus, palácio, adeus, cidade ancestre,
vos deixo à contrassorte, eu,
1370 fugitiva do tálamo.

CADMO
Busca Aristeu no campo.

AGAVE
Por ti lamento, pai.

CADMO
Choro por ti, por tuas irmãs também.

AGAVE
Ánaks, senhor Dioniso,
1375 ao paço inflige a ignomínia –
terrível!

CADMO
Por vós eu padeci o vilipêndio,
um nome sem prestígio em Tebas.

AGAVE
Adeus, pai, meu...

CADMO
Adeus, ó filha aflita,
1380 mesmo se a deus não tenhas no caminho.

AGAVE
Companheiras de exílio, miserandas
consanguíneas, levai-me!
Que eu possa ir
1385 aonde o Citero impuro não me veja,
aonde tampouco o veja,
aonde do tirso não haja memória.
Que disso se encarreguem outras báquicas!

CORO
Muitas formas revestem deuses-demos.
Muito cumprem à contraespera os numes.
1390 Não vigora o previsto.
O poro do imprevisto o deus o encontra.
Este ato assim conclui.

BAKXAI

ΔΙΟΝΥΣΟΣ
Ἥκω Διὸς παῖς τήνδε Θηβαίων χθόνα
Διόνυσος, ὃν τίκτει ποθ' ἡ Κάδμου κόρη
Σεμέλη λοχευθεῖσ' ἀστραπηφόρῳ πυρί·
μορφὴν δ' ἀμείψας ἐκ θεοῦ βροτησίαν
πάρειμι Δίρκης νάματ' Ἰσμηνοῦ θ' ὕδωρ.
ὁρῶ δὲ μητρὸς μνῆμα τῆς κεραυνίας
τόδ' ἐγγὺς οἴκων καὶ δόμων ἐρείπια
τυφόμενα Δίου πυρὸς ἔτι ζῶσαν φλόγα,
ἀθάνατον Ἥρας μητέρ' εἰς ἐμὴν ὕβριν.
αἰνῶ δὲ Κάδμον, ἄβατον ὃς πέδον τόδε
τίθησι, θυγατρὸς σηκόν· ἀμπέλου δέ νιν
πέριξ ἐγὼ 'κάλυψα βοτρυώδει χλόῃ.
λιπὼν δὲ Λυδῶν τὰς πολυχρύσους γύας
Φρυγῶν τε, Περσῶν θ' ἡλιοβλήτους πλάκας
Βάκτριά τε τείχη τήν τε δύσχιμον χθόνα
Μήδων ἐπελθὼν Ἀραβίαν τ' εὐδαίμονα
Ἀσίαν τε πᾶσαν, ἣ παρ' ἁλμυρὰν ἅλα
κεῖται μιγάσιν Ἕλλησι βαρβάροις θ' ὁμοῦ
πλήρεις ἔχουσα καλλιπυργώτους πόλεις,
ἐς τήνδε πρῶτον ἦλθον Ἑλλήνων πόλιν,
τἀκεῖ χορεύσας καὶ καταστήσας ἐμὰς
τελετάς, ἵν' εἴην ἐμφανὴς δαίμων βροτοῖς.
πρώτας δὲ Θήβας τῆσδε γῆς Ἑλληνίδος
ἀνωλόλυξα, νεβρίδ' ἐξάψας χροὸς

25 θύρσον τε δούς ές χείρα, κίσσινον βέλος·
    έπεί μ' άδελφαί μητρός, άς ήκιστα χρήν,
    Διόνυσον ούκ έφασκον έκφύναι Διός,
    Σεμέλην δέ νυμφευθείσαν έκ θνητού τινος
    ές Ζήν' άναφέρειν τήν άμαρτίαν λέχους,
30 Κάδμου σοφίσμαθ', ών νιν ούνεκα κτανείν
    Ζήν' έξεκαυχώνθ', ότι γάμους έψεύσατο.
    τοιγάρ νιν αύτάς έκ δόμων ώστρησ' έγώ
    μανίαις, όρος δ' οίκούσι παράκοποι φρενών·
    σκευήν τ' έχειν ήνάγκασ' όργίων έμών,
35 καί πάν τό θήλυ σπέρμα Καδμείων, όσαι
    γυναίκες ήσαν, έξέμηνα δωμάτων·
    όμού δέ Κάδμου παισίν άναμεμειγμέναι
    χλωραίς ύπ' έλάταις άνορόφοις ήνται πέτραις.
    δεί γάρ πόλιν τήνδ' έκμαθείν, κεί μή θέλει,
40 άτέλεστον ούσαν τών έμών βακχευμάτων,
    Σεμέλης τε μητρός άπολογήσασθαί μ' ύπερ
    φανέντα θνητοίς δαίμον' όν τίκτει Διί.
    Κάδμος μέν ούν γέρας τε καί τυραννίδα
    Πενθεί δίδωσι θυγατρός έκπεφυκότι,
45 ός θεομαχεί τά κατ' έμέ καί σπονδών άπο
    ώθεί μ', έν εύχαίς τ' ούδαμού μνείαν έχει.
    ών ούνεκ' αύτώ θεός γεγώς ένδείξομαι
    πάσίν τε Θηβαίοισιν. ές δ' άλλην χθόνα,
    τάνθένδε θέμενος εύ, μεταστήσω πόδα,
50 δεικνύς έμαυτόν· ήν δέ Θηβαίων πόλις
    όργή σύν όπλοις έξ όρους βάκχας άγειν
    ζητή, ξυνάψω μαινάσι στρατηλατών.
    ών ούνεκ' είδος θνητόν άλλάξας έχω
    μορφήν τ' έμήν μετέβαλον είς άνδρός φύσιν.
55 άλλ', ώ λιπούσαι Τμώλον έρυμα Λυδίας,
    θίασος έμός, γυναίκες, άς έκ βαρβάρων
    έκόμισα παρέδρους καί ξυνεμπόρους έμοί,

αἴρεσθε τἀπιχώρι' ἐν πόλει Φρυγῶν
τύμπανα, Ῥέας τε μητρὸς ἐμά θ' εὑρήματα,
60 βασίλειά τ' ἀμφὶ δώματ' ἐλθοῦσαι τάδε
κτυπεῖτε Πενθέως, ὡς ὁρᾷ Κάδμου πόλις.
ἐγὼ δὲ βάκχαις, ἐς Κιθαιρῶνος πτυχὰς
ἐλθὼν ἵν' εἰσί, συμμετασχήσω χορῶν.

ΧΟΡΟΣ
—   Ἀσίας ἀπὸ γᾶς
65   ἱερὸν Τμῶλον ἀμείψασα θοάζω
            Βρομίῳ πόνον ἡδὺν
            κάματόν τ' εὐκάματον, Βάκ-
            χιον εὐαζομένα.

—   τίς ὁδῷ τίς ὁδῷ; τίς;
            μελάθροις ἔκτοπος ἔστω, στόμα τ' εὔφη-
70   μον ἅπας ἐξοσιούσθω·
            τὰ νομισθέντα γὰρ αἰεὶ
            Διόνυσον ὑμνήσω.

[στρ. —   ὦ
            μάκαρ, ὅστις εὐδαίμων
            τελετὰς θεῶν εἰδὼς
            βιοτὰν ἁγιστεύει καὶ
75   θιασεύεται ψυχὰν
            ἐν ὄρεσσι βακχεύων
            ὁσίοις καθαρμοῖσιν,
            τά τε ματρὸς μεγάλας ὄρ-
            για Κυβέλας θεμιτεύων,
80   ἀνὰ θύρσον τε τινάσσων,
            κισσῷ τε στεφανωθεὶς
            Διόνυσον θεραπεύει.

         — ἴτε βάκχαι, ἴτε βάκχαι,
           Βρόμιον παῖδα θεὸν θεοῦ
85   Διόνυσον κατάγουσαι
           Φρυγίων ἐξ ὀρέων Ἑλ-
           λάδος εἰς εὐρυχόρους ἀ-
           γυιάς, τὸν Βρόμιον·

[ἀντ. — ὅν
           ποτ' ἔχουσ' ἐν ὠδίνων
           λοχίαις ἀνάγκαισι
90   πταμένας Διὸς βροντᾶς νη-
           δύος ἔκβολον μάτηρ
           ἔτεκεν, λιποῦσ' αἰῶ-
           να κεραυνίῳ πληγᾷ·
           λοχίοις δ' αὐτίκα νιν δέ-
95   ξατο θαλάμαις Κρονίδας Ζεύς,
           κατὰ μηρῷ δὲ καλύψας
           χρυσέαισιν συνερείδει
           περόναις κρυπτὸν ἀφ' Ἥρας.

         — ἔτεκεν δ', ἁνίκα Μοῖραι
100   τέλεσαν, ταυρόκερων θεὸν
           στεφάνωσέν τε δρακόντων
           στεφάνοις, ἔνθεν ἄγραν θη-
           ροτρόφον μαινάδες ἀμφι-
           βάλλονται πλοκάμοις.

[στρ. — ὦ Σεμέλας τροφοὶ Θῆ-
106   βαι, στεφανοῦσθε κισσῷ·
           βρύετε βρύετε χλοήρει
           μίλακι καλλικάρπῳ
           καὶ καταβακχιοῦσθε δρυὸς
110   ἢ ἐλάτας κλάδοισι,

στικτῶν τ' ἐνδυτὰ νεβρίδων
στέφετε λευκοτρίχων πλοκάμων
μαλλοῖς· ἀμφὶ δὲ νάρθηκας ὑβριστὰς
ὁσιοῦσθ'· αὐτίκα γᾶ πᾶσα χορεύσει—
115 Βρόμιος ὅστις ἄγῃ θιάσους—
εἰς ὄρος εἰς ὄρος, ἔνθα μένει
θηλυγενὴς ὄχλος
ἀφ' ἱστῶν παρὰ κερκίδων τ'
119 οἰστρηθεὶς Διονύσῳ.

[ἀντ. — ὦ θαλάμευμα Κουρή-
των ζάθεοί τε Κρήτας
Διογενέτορες ἔναυλοι,
ἔνθα τρικόρυθες ἄντροις
βυρσότονον κύκλωμα τόδε
125 μοι Κορύβαντες ηὗρον·
βακχείᾳ δ' ἀνὰ συντόνῳ
κέρασαν ἁδυβόᾳ Φρυγίων
αὐλῶν πνεύματι ματρός τε 'Ρέας ἐς
χέρα θῆκαν, κτύπον εὐάσμασι Βακχᾶν·
130 παρὰ δὲ μαινόμενοι Σάτυροι
ματέρος ἐξανύσαντο θεᾶς,
ἐς δὲ χορεύματα
συνῆψαν τριετηρίδων,
αἷς χαίρει Διόνυσος.

[ἐπῳδ. — ἡδὺς ἐν ὄρεσιν, ὅταν ἐκ θιάσων δρομαί-
136 ων πέσῃ πεδόσε, νε-
βρίδος ἔχων ἱερὸν ἐνδυτόν, ἀ) ρεύων
αἷμα τραγοκτόνον, ὠμοφάγον χάριν, ἵε̣ ε-
140 νος ἐς ὄρεα Φρύγια, Λύδι', ὁ δ' ἔξαρχος Βρόμιος,
εὐοῖ.

ῥεῖ δὲ γάλακτι πέδον, ῥεῖ δ' οἴνῳ, ῥεῖ δὲ μελισσᾶν
νέκταρι.
Συρίας δ' ὡς λιβάνου κα-
145 πνὸν ὁ Βακχεὺς ἀνέχων
πυρσώδη φλόγα πεύκας
ἐκ νάρθηκος ἀίσσει
δρόμῳ καὶ χοροῖσιν
πλανάτας ἐρεθίζων
ἰαχαῖς τ' ἀναπάλλων,
150 τρυφερόν <τε> πλόκαμον εἰς αἰθέρα ῥίπτων.
ἅμα δ' εὐάσμασι τοιάδ' ἐπιβρέμει·
Ὦ ἴτε βάκχαι,
[ὦ] ἴτε βάκχαι,
Τμώλου χρυσορόου χλιδᾷ
155 μέλπετε τὸν Διόνυσον
βαρυβρόμων ὑπὸ τυμπάνων,
εὔια τὸν εὔιον ἀγαλλόμεναι θεὸν
ἐν Φρυγίαισι βοαῖς ἐνοπαῖσί τε,
160 λωτὸς ὅταν εὐκέλαδος
ἱερὸς ἱερὰ παίγματα βρέμῃ, σύνοχα
165 φοιτάσιν εἰς ὄρος εἰς ὄρος· ἡδομέ-
να δ' ἄρα, πῶλος ὅπως ἅμα ματέρι
φορβάδι, κῶλον ἄγει ταχύπουν σκιρτήμασι βάκχα.

ΤΕΙΡΕΣΙΑΣ
170 τίς ἐν πύλαισι; Κάδμον ἐκκάλει δόμων,
Ἀγήνορος παῖδ', ὃς πόλιν Σιδωνίαν
λιπὼν ἐπύργωσ' ἄστυ Θηβαίων τόδε.
ἴτω τις, εἰσάγγελλε Τειρεσίας ὅτι
ζητεῖ νιν· οἶδε δ' αὐτὸς ὧν ἥκω πέρι
175 ἅ τε ξυνεθέμην πρέσβυς ὢν γεραιτέρῳ,
θύρσους ἀνάπτειν καὶ νεβρῶν δορὰς ἔχειν
στεφανοῦν τε κρᾶτα κισσίνοις βλαστήμασιν.

ΚΑΔΜΟΣ
ὦ φίλταθ', ὡς σὴν γῆρυν ᾐσθόμην κλύων
σοφὴν σοφοῦ παρ' ἀνδρός, ἐν δόμοισιν ὤν·
180 ἥκω δ' ἕτοιμος τήνδ' ἔχων σκευὴν θεοῦ·
δεῖ γάρ νιν ὄντα παῖδα θυγατρὸς ἐξ ἐμῆς,
Διόνυσον, ὃς πέφηνεν ἀνθρώποις θεός,
ὅσον καθ' ἡμᾶς δυνατὸν αὔξεσθαι μέγαν.
ποῖ δεῖ χορεύειν, ποῖ καθιστάναι πόδα
185 καὶ κρᾶτα σεῖσαι πολιόν; ἐξηγοῦ σύ μοι
γέρων γέροντι, Τειρεσία· σὺ γὰρ σοφός.
ὡς οὐ κάμοιμ' ἂν οὔτε νύκτ' οὔθ' ἡμέραν
θύρσῳ κροτῶν γῆν· ἐπιλελήσμεθ' ἡδέως
γέροντες ὄντες.

ΤΕ.
      ταῦτ' ἐμοὶ πάσχεις ἄρα·
190 κἀγὼ γὰρ ἡβῶ κἀπιχειρήσω χοροῖς.

ΚΑ.
οὐκοῦν ὄχοισιν εἰς ὄρος περάσομεν;

ΤΕ.
ἀλλ' οὐχ ὁμοίως ἂν ὁ θεὸς τιμὴν ἔχοι.

ΚΑ.
γέρων γέροντα παιδαγωγήσω σ' ἐγώ.

ΤΕ.
ὁ θεὸς ἀμοχθὶ κεῖσε νῷν ἡγήσεται.

ΚΑ.
195 μόνοι δὲ πόλεως Βακχίῳ χορεύσομεν;

ΤΕ.
μόνοι γὰρ εὖ φρονοῦμεν, οἱ δ' ἄλλοι κακῶς.

ΚΑ.
μακρὸν τὸ μέλλειν· ἀλλ' ἐμῆς ἔχου χερός.

ΤΕ.
ἰδού, ξύναπτε καὶ ξυνωρίζου χέρα.

ΚΑ.
οὐ καταφρονῶ 'γὼ τῶν θεῶν θνητὸς γεγώς.

ΤΕ.
200 οὐδὲν σοφιζόμεσθα τοῖσι δαίμοσιν.
   πατρίους παραδοχάς, ἅς θ' ὁμήλικας χρόνῳ
κεκτήμεθ', οὐδεὶς αὐτὰ καταβαλεῖ λόγος,
οὐδ' εἰ δι' ἄκρων τὸ σοφὸν ηὕρηται φρενῶν.
ἐρεῖ τις ὡς τὸ γῆρας οὐκ αἰσχύνομαι,
205 μέλλων χορεύειν κρᾶτα κισσώσας ἐμόν.
οὐ γὰρ διῄρηχ' ὁ θεός εἴτε τὸν νέον
εἰ χρὴ χορεύειν εἴτε τὸν γεραίτερον,
ἀλλ' ἐξ ἁπάντων βούλεται τιμὰς ἔχειν
κοινάς, διαριθμῶν δ' οὐδέν· αὔξεσθαι θέλει.

ΚΑ.
210 ἐπεὶ σὺ φέγγος, Τειρεσία, τόδ' οὐχ ὁρᾷς,
ἐγὼ προφήτης σοι λόγων γενήσομαι.
Πενθεὺς πρὸς οἴκους ὅδε διὰ σπουδῆς περᾷ,
Ἐχίονος παῖς, ᾧ κράτος δίδωμι γῆς.
ὡς ἐπτόηται· τί ποτ' ἐρεῖ νεώτερον;

ΠΕΝΘΕΥΣ
ἔκδημος ὢν μὲν τῆσδ' ἐτύγχανον χθονός,
κλύω δὲ νεοχμὰ τήνδ' ἀνὰ πτόλιν κακά,
γυναῖκας ἡμῖν δώματ' ἐκλελοιπέναι
πλασταῖσι βακχείαισιν, ἐν δὲ δασκίοις
ὄρεσι θοάζειν, τὸν νεωστὶ δαίμονα
Διόνυσον, ὅστις ἔστι, τιμώσας χοροῖς·
πλήρεις δὲ θιάσοις ἐν μέσοισιν ἑστάναι
κρατῆρας, ἄλλην δ' ἄλλοσ' εἰς ἐρημίαν
πτώσσουσαν εὐναῖς ἀρσένων ὑπηρετεῖν,
πρόφασιν μὲν ὡς δὴ μαινάδας θυοσκόους,
τὴν δ' Ἀφροδίτην πρόσθ' ἄγειν τοῦ Βακχίου.

ὅσας μὲν οὖν εἴληφα, δεσμίους χέρας
σῴζουσι πανδήμοισι πρόσπολοι στέγαις·
ὅσαι δ' ἄπεισιν, ἐξ ὄρους θηράσομαι,
Ἰνώ τ' Ἀγαύην θ', ἥ μ' ἔτικτ' Ἐχίονι,
Ἀκταίονός τε μητέρ', Αὐτονόην λέγω.
καὶ σφᾶς σιδηραῖς ἁρμόσας ἐν ἄρκυσιν
παύσω κακούργου τῆσδε βακχείας τάχα.

λέγουσι δ' ὥς τις εἰσελήλυθε ξένος,
γόης ἐπῳδὸς Λυδίας ἀπὸ χθονός,
ξανθοῖσι βοστρύχοισιν εὐοσμῶν κόμην,
οἰνῶπας ὄσσοις χάριτας Ἀφροδίτης ἔχων,
ὃς ἡμέρας τε κεὐφρόνας συγγίγνεται
τελετὰς προτείνων εὐίους νεάνισιν.
εἰ δ' αὐτὸν εἴσω τῆσδε λήψομαι στέγης,
παύσω κτυποῦντα θύρσον ἀνασείοντά τε
κόμας, τράχηλον σώματος χωρὶς τεμών.

ἐκεῖνος εἶναί φησι Διόνυσον θεόν,
ἐκεῖνος ἐν μηρῷ ποτ' ἐρράφθαι Διός,
ὃς ἐκπυροῦται λαμπάσιν κεραυνίαις
σὺν μητρί, Δίους ὅτι γάμους ἐψεύσατο.

ταῦτ' οὐχὶ δεινῆς ἀγχόνης ἔστ' ἄξια,
ὕβρεις ὑβρίζειν, ὅστις ἔστιν ὁ ξένος;

ἀτὰρ τόδ' ἄλλο θαῦμα, τὸν τερασκόπον
ἐν ποικίλαισι νεβρίσι Τειρεσίαν ὁρῶ
250 πατέρα τε μητρὸς τῆς ἐμῆς —πολὺν γέλων—
νάρθηκι βακχεύοντ'· ἀναίνομαι, πάτερ,
τὸ γῆρας ὑμῶν εἰσορῶν νοῦν οὐκ ἔχον.
οὐκ ἀποτινάξεις κισσόν; οὐκ ἐλευθέραν
θύρσου μεθήσεις χεῖρ', ἐμῆς μητρὸς πάτερ;
255 σὺ ταῦτ' ἔπεισας, Τειρεσία· τόνδ' αὖ θέλεις
τὸν δαίμον' ἀνθρώποισιν ἐσφέρων νέον
σκοπεῖν πτερωτοὺς κἀμπύρων μισθοὺς φέρειν.
εἰ μή σε γῆρας πολιὸν ἐξερρύετο,
καθῆσ' ἂν ἐν βάκχαισι δέσμιος μέσαις,
260 τελετὰς πονηρὰς εἰσάγων· γυναιξὶ γὰρ
ὅπου βότρυος ἐν δαιτὶ γίγνεται γάνος,
οὐχ ὑγιὲς οὐδὲν ἔτι λέγω τῶν ὀργίων.

ΧΟ.
τῆς δυσσεβείας. ὦ ξέν', οὐκ αἰδῇ θεοὺς
Κάδμον τε τὸν σπείραντα γηγενῆ στάχυν,
265 Ἐχίονος δ' ὢν παῖς καταισχύνεις γένος;

ΤΕ.
ὅταν λάβῃ τις τῶν λόγων ἀνὴρ σοφὸς
καλὰς ἀφορμάς, οὐ μέγ' ἔργον εὖ λέγειν·
σὺ δ' εὔτροχον μὲν γλῶσσαν ὡς φρονῶν ἔχεις,
ἐν τοῖς λόγοισι δ' οὐκ ἔνεισί σοι φρένες.
270 θράσει δὲ δυνατὸς καὶ λέγειν οἷός τ' ἀνὴρ
κακὸς πολίτης γίγνεται νοῦν οὐκ ἔχων.
οὗτος δ' ὁ δαίμων ὁ νέος, ὃν σὺ διαγελᾷς,
οὐκ ἂν δυναίμην μέγεθος ἐξειπεῖν ὅσος

καθ' Ἑλλάδ' ἔσται. δύο γάρ, ὦ νεανία,
275 τὰ πρῶτ' ἐν ἀνθρώποισι· Δημήτηρ θεά—
γῆ δ' ἐστίν, ὄνομα δ' ὁπότερον βούλῃ κάλει·
αὕτη μὲν ἐν ξηροῖσιν ἐκτρέφει βροτούς·
ὃς δ' ἦλθ' ἔπειτ', ἀντίπαλον ὁ Σεμέλης γόνος
βότρυος ὑγρὸν πῶμ' ηὗρε κεἰσηνέγκατο
280 θνητοῖς, ὃ παύει τοὺς ταλαιπώρους βροτοὺς
λύπης, ὅταν πλησθῶσιν ἀμπέλου ῥοῆς,
ὕπνον τε λήθην τῶν καθ' ἡμέραν κακῶν
δίδωσιν, οὐδ' ἔστ' ἄλλο φάρμακον πόνων.
οὗτος θεοῖσι σπένδεται θεὸς γεγώς,
285 ὥστε διὰ τοῦτον τἀγάθ' ἀνθρώπους ἔχειν.
   καὶ καταγελᾷς νιν, ὡς ἐνερράφη Διὸς
μηρῷ; διδάξω σ' ὡς καλῶς ἔχει τόδε.
ἐπεί νιν ἥρπασ' ἐκ πυρὸς κεραυνίου
Ζεύς, ἐς δ' Ὄλυμπον βρέφος ἀνήγαγεν θεόν,
290 Ἥρα νιν ἤθελ' ἐκβαλεῖν ἀπ' οὐρανοῦ·
Ζεὺς δ' ἀντεμηχανήσαθ' οἷα δὴ θεός.
ῥήξας μέρος τι τοῦ χθόν' ἐγκυκλουμένου
αἰθέρος, ἔθηκε τόνδ' ὅμηρον ἐκδιδοὺς
Διόνυσον Ἥρας νεικέων· χρόνῳ δέ νιν
295 βροτοὶ ῥαφῆναί φασιν ἐν μηρῷ Διός,
ὄνομα μεταστήσαντες, ὅτι θεᾷ θεὸς
Ἥρᾳ ποθ' ὡμήρευσε, συνθέντες λόγον.
   μάντις δ' ὁ δαίμων ὅδε· τὸ γὰρ βακχεύσιμον
καὶ τὸ μανιῶδες μαντικὴν πολλὴν ἔχει·
300 ὅταν γὰρ ὁ θεὸς ἐς τὸ σῶμ' ἔλθῃ πολύς,
λέγειν τὸ μέλλον τοὺς μεμηνότας ποιεῖ.
Ἄρεώς τε μοῖραν μεταλαβὼν ἔχει τινά·
στρατὸν γὰρ ἐν ὅπλοις ὄντα κἀπὶ τάξεσιν
φόβος διεπτόησε πρὶν λόγχης θιγεῖν.
305 μανία δὲ καὶ τοῦτ' ἐστὶ Διονύσου πάρα.
ἔτ' αὐτὸν ὄψῃ κἀπὶ Δελφίσιν πέτραις

πάλλοντα καὶ σείοντα βακχεῖον κλάδον,
μέγαν τ' ἀν' Ἑλλάδα. ἀλλ' ἐμοί, Πενθεῦ, πιθοῦ·
310 μὴ τὸ κράτος αὔχει δύναμιν ἀνθρώποις ἔχειν,
μηδ', ἢν δοκῇς μέν, ἡ δὲ δόξα σου νοσῇ,
φρονεῖν δόκει τι· τὸν θεὸν δ' ἐς γῆν δέχου
καὶ σπένδε καὶ βάκχευε καὶ στέφου κάρα.
οὐχ ὁ Διόνυσος σωφρονεῖν ἀναγκάσει
315 γυναῖκας ἐς τὴν Κύπριν, ἀλλ' ἐν τῇ φύσει
τὸ σωφρονεῖν ἔνεστιν εἰς τὰ πάντ' ἀεί.
τοῦτο σκοπεῖν χρή· καὶ γὰρ ἐν βακχεύμασιν
οὖσ' ἥ γε σώφρων οὐ διαφθαρήσεται.
ὁρᾷς, σὺ χαίρεις, ὅταν ἐφεστῶσιν πύλαις
320 πολλοί, τὸ Πενθέως δ' ὄνομα μεγαλύνῃ πόλις·
κἀκεῖνος, οἶμαι, τέρπεται τιμώμενος.
ἐγὼ μὲν οὖν καὶ Κάδμος, ὃν σὺ διαγελᾷς,
κισσῷ τ' ἐρεψόμεσθα καὶ χορεύσομεν,
πολιὰ ξυνωρίς, ἀλλ' ὅμως χορευτέον,
325 κοὐ θεομαχήσω σῶν λόγων πεισθεὶς ὕπο.
μαίνῃ γὰρ ὡς ἄλγιστα, κοὔτε φαρμάκοις
ἄκη λάβοις ἂν οὔτ' ἄνευ τούτων νοσεῖς.

ΧΟ.
ὦ πρέσβυ, Φοῖβόν τ' οὐ καταισχύνεις λόγοις,
τιμῶν τε Βρόμιον σωφρονεῖς, μέγαν θεόν.

ΚΑ.
330 ὦ παῖ, καλῶς σοι Τειρεσίας παρῄνεσεν.
οἴκει μεθ' ἡμῶν, μὴ θύραζε τῶν νόμων.
νῦν γὰρ πέτῃ τε καὶ φρονῶν οὐδὲν φρονεῖς.
κεἰ μὴ γὰρ ἔστιν ὁ θεὸς οὗτος, ὡς σὺ φῄς,
παρὰ σοὶ λεγέσθω· καὶ καταψεύδου καλῶς

335 ὡς ἔστι, Σεμέλη θ' ἵνα δοκῇ θεὸν τεκεῖν,
ἡμῖν τε τιμὴ παντὶ τῷ γένει προσῇ.
ὁρᾷς τὸν Ἀκτέωνος ἄθλιον μόρον,
ὃν ὠμόσιτοι σκύλακες ἃς ἐθρέψατο
διεσπάσαντο, κρεῖσσον' ἐν κυναγίαις
340 Ἀρτέμιδος εἶναι κομπάσαντ', ἐν ὀργάσιν.
ὃ μὴ πάθῃς σύ· δεῦρό σου στέψω κάρα
κισσῷ· μεθ' ἡμῶν τῷ θεῷ τιμὴν δίδου.

ΠΕ.
οὐ μὴ προσοίσεις χεῖρα, βακχεύσεις δ' ἰών,
μηδ' ἐξομόρξῃ μωρίαν τὴν σὴν ἐμοί;
345 τῆς σῆς ‹δ'› ἀνοίας τόνδε τὸν διδάσκαλον
δίκην μέτειμι. στειχέτω τις ὡς τάχος,
ἐλθὼν δὲ θάκους τοῦδ' ἵν' οἰωνοσκοπεῖ
μοχλοῖς τριαίνου κἀνάτρεψον ἔμπαλιν,
ἄνω κάτω τὰ πάντα συγχέας ὁμοῦ,
350 καὶ στέμματ' ἀνέμοις καὶ θυέλλαισιν μέθες.
μάλιστα γάρ νιν δήξομαι δράσας τάδε.
οἳ δ' ἀνὰ πόλιν στείχοντες ἐξιχνεύσατε
τὸν θηλύμορφον ξένον, ὃς ἐσφέρει νόσον
καινὴν γυναιξὶ καὶ λέχη λυμαίνεται.
355 κἄνπερ λάβητε, δέσμιον πορεύσατε
δεῦρ' αὐτόν, ὡς ἂν λευσίμου δίκης τυχὼν
θάνῃ, πικρὰν βάκχευσιν ἐν Θήβαις ἰδών.

ΤΕ.
ὦ σχέτλι', ὡς οὐκ οἶσθα ποῦ ποτ' εἶ λόγων.
μέμηνας ἤδη· καὶ πρὶν ἐξέστης φρενῶν.
360 στείχωμεν ἡμεῖς, Κάδμε, κἀξαιτώμεθα
ὑπέρ τε τούτου καίπερ ὄντος ἀγρίου
ὑπέρ τε πόλεως τὸν θεὸν μηδὲν νέον

δρᾶν. ἀλλ' ἕπου μοι κισσίνου βάκτρου μέτα,
πειρῶ δ' ἀνορθοῦν σῶμ' ἐμόν, κἀγὼ τὸ σόν·
365 γέροντε δ' αἰσχρὸν δύο πεσεῖν· ἴτω δ' ὅμως,
τῷ Βακχίῳ γὰρ τῷ Διὸς δουλευτέον.
Πενθεὺς δ' ὅπως μὴ πένθος εἰσοίσει δόμοις
τοῖς σοῖσι, Κάδμε· μαντικὴ μὲν οὐ λέγω,
369 τοῖς πράγμασιν δέ· μῶρα γὰρ μῶρος λέγει.

ΧΟ
[στρ. — Ὁσία πότνα θεῶν,
Ὁσία δ' ἃ κατὰ γᾶν
χρυσέαν πτέρυγα φέρεις,
τάδε Πενθέως ἀίεις;
ἀίεις οὐχ ὁσίαν
375 ὕβριν ἐς τὸν Βρόμιον, τὸν
Σεμέλας, τὸν παρὰ καλλι-
στεφάνοις εὐφροσύναις δαίμονα πρῶτον μακάρων; ὃς τάδ' ἔχει,
θιασεύειν τε χοροῖς
380 μετά τ' αὐλοῦ γελάσαι
ἀποπαῦσαί τε μερίμνας,
ὁπόταν βότρυος ἔλθῃ
γάνος ἐν δαιτὶ θεῶν, κισ-
σοφόροις δ' ἐν θαλίαις ἀν-
385 δράσι κρατὴρ ὕπνον ἀμ-
φιβάλλῃ.

[ἀντ. — ἀχαλίνων στομάτων
ἀνόμου τ' ἀφροσύνας
τὸ τέλος δυστυχία·
ὁ δὲ τᾶς ἡσυχίας
390 βίοτος καὶ τὸ φρονεῖν
ἀσάλευτόν τε μένει καὶ

συνέχει δώματα· πόρσω
γὰρ ὅμως αἰθέρα ναίον-
τες ὁρῶσιν τὰ βροτῶν οὐρανίδαι.
395 τὸ σοφὸν δ' οὐ σοφία
τό τε μὴ θνητὰ φρονεῖν.
βραχὺς αἰών· ἐπὶ τούτῳ
δέ τις ἂν μεγάλα διώκων
τὰ παρόντ' οὐχὶ φέροι. μαι-
400 νομένων οἵδε τρόποι καὶ
κακοβούλων παρ' ἔμοι-
γε φωτῶν.

[στρ. — ἱκοίμαν ποτὶ Κύπρον,
νᾶσον τᾶς Ἀφροδίτας,
ἵν' οἱ θελξίφρονες νέμον-
405 ται θνατοῖσιν Ἔρωτες,
Πάφον θ' ἃν ἑκατόστομοι
βαρβάρου ποταμοῦ ῥοαὶ
καρπίζουσιν ἄνομβροι.
οὗ δ' ἁ καλλιστευομένα
410 Πιερία μούσειος ἕδρα,
σεμνὰ κλιτὺς Ὀλύμπου,
ἐκεῖσ' ἄγε με, Βρόμιε Βρόμιε,
πρόβακχ' εὔιε δαῖμον.
ἐκεῖ Χάριτες,
ἐκεῖ δὲ Πόθος· ἐκεῖ δὲ βάκ-
415 χαις θέμις ὀργιάζειν.

[ἀντ. — ὁ δαίμων ὁ Διὸς παῖς
χαίρει μὲν θαλίαισιν,
φιλεῖ δ' ὀλβοδότειραν Εἰ-
420 ρήναν, κουροτρόφον θεάν.
ἴσαν δ' ἔς τε τὸν ὄλβιον

τόν τε χείρονα δῶκ' ἔχειν
οἴνου τέρψιν ἄλυπον·
μισεῖ δ' ᾧ μὴ ταῦτα μέλει,
425 κατὰ φάος νύκτας τε φίλας
εὐαίωνα διαζῆν,
σοφὰν δ' ἀπέχειν πραπίδα φρένα τε
περισσῶν παρὰ φωτῶν·
430 τὸ πλῆθος ὅ τι
τὸ φαυλότερον ἐνόμισε χρῆ-
ταί τε, τόδ' ἂν δεχοίμαν.

ΘΕΡΑΠΩΝ
Πενθεῦ, πάρεσμεν τήνδ' ἄγραν ἠγρευκότες
435 ἐφ' ἣν ἔπεμψας, οὐδ' ἄκρανθ' ὡρμήσαμεν.
ὁ θὴρ δ' ὅδ' ἡμῖν πρᾶος οὐδ' ὑπέσπασεν
φυγῇ πόδ', ἀλλ' ἔδωκεν οὐκ ἄκων χέρας
οὐδ' ὠχρός, οὐδ' ἤλλαξεν οἰνωπὸν γένυν,
γελῶν δὲ καὶ δεῖν κἀπάγειν ἐφίετο
440 ἔμενέ τε, τοὐμὸν εὐτρεπὲς ποιούμενος.
κἀγὼ δι' αἰδοῦς εἶπον· ᾿Ω ξέν', οὐχ ἑκὼν
ἄγω σε, Πενθέως δ' ὅς μ' ἔπεμψ' ἐπιστολαῖς.
ἃς δ' αὖ σὺ βάκχας εἷρξας, ἃς συνήρπασας
κἄδησας ἐν δεσμοῖσι πανδήμου στέγης,
445 φροῦδαί γ' ἐκεῖναι λελυμέναι πρὸς ὀργάδας
σκιρτῶσι Βρόμιον ἀνακαλούμεναι θεόν·
αὐτόματα δ' αὐταῖς δεσμὰ διελύθη ποδῶν
κλῇδές τ' ἀνῆκαν θύρετρ' ἄνευ θνητῆς χερός.
πολλῶν δ' ὅδ' ἀνὴρ θαυμάτων ἥκει πλέως
450 ἐς τάσδε Θήβας. σοὶ δὲ τἄλλα χρὴ μέλειν.

ΠΕ.
μέθεσθε χειρῶν τοῦδ'· ἐν ἄρκυσιν γὰρ ὤν
οὐκ ἔστιν οὕτως ὠκὺς ὥστε μ' ἐκφυγεῖν.

ἀτὰρ τὸ μὲν σῶμ' οὐκ ἄμορφος εἶ, ξένε,
ὡς ἐς γυναῖκας, ἐφ' ὅπερ ἐς Θήβας πάρει·
455 πλόκαμός τε γάρ σου ταναός, οὐ πάλης ὕπο,
γένυν παρ' αὐτὴν κεχυμένος, πόθου πλέως·
λευκὴν δὲ χροιὰν ἐκ παρασκευῆς ἔχεις,
οὐχ ἡλίου βολαῖσιν, ἀλλ' ὑπὸ σκιᾶς,
τὴν Ἀφροδίτην καλλονῇ θηρώμενος.
460 πρῶτον μὲν οὖν μοι λέξον ὅστις εἶ γένος.

ΔΙ.
οὐ κόμπος οὐδείς· ῥᾴδιον δ' εἰπεῖν τόδε.
τὸν ἀνθεμώδη Τμῶλον οἶσθά που κλύων.

ΠΕ.
οἶδ', ὃς τὸ Σάρδεων ἄστυ περιβάλλει κύκλῳ.

ΔΙ.
ἐντεῦθέν εἰμι, Λυδία δέ μοι πατρίς.

ΠΕ.
465 πόθεν δὲ τελετὰς τάσδ' ἄγεις ἐς Ἑλλάδα;

ΔΙ.
Διόνυσος αὐτός μ' εἰσέβησ', ὁ τοῦ Διός.

ΠΕ.
Ζεὺς δ' ἔστ' ἐκεῖ τις, ὃς νέους τίκτει θεούς;

ΔΙ.
οὔκ, ἀλλ' ὁ Σεμέλην ἐνθάδε ζεύξας γάμοις.

ΠΕ.
πότερα δὲ νύκτωρ σ' ἢ κατ' ὄμμ' ἠνάγκασεν;

ΔΙ.
ὁρῶν ὁρῶντα, καὶ δίδωσιν ὄργια.

ΠΕ.
τὰ δ' ὄργι' ἐστὶ τίν' ἰδέαν ἔχοντά σοι;

ΔΙ.
ἄρρητ' ἀβακχεύτοισιν εἰδέναι βροτῶν.

ΠΕ.
ἔχει δ' ὄνησιν τοῖσι θύουσιν τίνα;

ΔΙ.
οὐ θέμις ἀκοῦσαί σ', ἔστι δ' ἄξι' εἰδέναι.

ΠΕ.
εὖ τοῦτ' ἐκιβδήλευσας, ἵν' ἀκοῦσαι θέλω.

ΔΙ.
ἀσέβειαν ἀσκοῦντ' ὄργι' ἐχθαίρει θεοῦ.

ΠΕ.
τὸν θεὸν ὁρᾶν γὰρ φῇς σαφῶς, ποῖός τις ἦν;

ΔΙ.
ὁποῖος ἤθελ'· οὐκ ἐγὼ 'τασσον τόδε.

ΠΕ.
τοῦτ' αὖ παρωχέτευσας εὖ κοὐδὲν λέγων.

ΔΙ.
δόξει τις ἀμαθεῖ σοφὰ λέγων οὐκ εὖ φρονεῖν.

ΠΕ.
ἦλθες δὲ πρῶτα δεῦρ' ἄγων τὸν δαίμονα;

ΔΙ.
πᾶς ἀναχορεύει βαρβάρων τάδ' ὄργια.

ΠΕ.
φρονοῦσι γὰρ κάκιον Ἑλλήνων πολύ.

ΔΙ.
τάδ' εὖ γε μᾶλλον· οἱ νόμοι δὲ διάφοροι.

ΠΕ.
485 τὰ δ' ἱερὰ νύκτωρ ἢ μεθ' ἡμέραν τελεῖς;

ΔΙ.
νύκτωρ τὰ πολλά· σεμνότητ' ἔχει σκότος.

ΠΕ.
τοῦτ' ἐς γυναῖκας δόλιόν ἐστι καὶ σαθρόν.

ΔΙ.
κἀν ἡμέρᾳ τό γ' αἰσχρὸν ἐξεύροι τις ἄν.

ΠΕ.
δίκην σε δοῦναι δεῖ σοφισμάτων κακῶν.

ΔΙ.
490 σὲ δ' ἀμαθίας γε κἀσεβοῦντ' ἐς τὸν θεόν.

ΠΕ.
ὡς θρασὺς ὁ βάκχος κοὐκ ἀγύμναστος λόγων.

ΔΙ.
εἴφ' ὅ τι παθεῖν δεῖ· τί με τὸ δεινὸν ἐργάσῃ;

ΠΕ.
πρῶτον μὲν ἁβρὸν βόστρυχον τεμῶ σέθεν.

ΔΙ.
ἱερὸς ὁ πλόκαμος· τῷ θεῷ δ' αὐτὸν τρέφω.

ΠΕ.
495 ἔπειτα θύρσον τόνδε παράδος ἐκ χεροῖν.

ΔΙ.
αὐτός μ' ἀφαιροῦ· τόνδε Διονύσου φορῶ.

ΠΕ.
εἱρκταῖσί τ' ἔνδον σῶμα σὸν φυλάξομεν.

ΔΙ.
λύσει μ' ὁ δαίμων αὐτός, ὅταν ἐγὼ θέλω.

ΠΕ.
ὅταν γε καλέσῃς αὐτὸν ἐν βάκχαις σταθείς.

ΔΙ.
500 καὶ νῦν ἃ πάσχω πλησίον παρὼν ὁρᾷ.

ΠΕ.
καὶ ποῦ 'στιν; οὐ γὰρ φανερὸς ὄμμασίν γ' ἐμοῖς.

ΔΙ.
παρ' ἐμοί· σὺ δ' ἀσεβὴς αὐτὸς ὢν οὐκ εἰσορᾷς.

ΠΕ.
λάζυσθε· καταφρονεῖ με καὶ Θήβας ὅδε.

ΔΙ.
αὐδῶ με μὴ δεῖν σωφρονῶν οὐ σώφροσιν.

ΠΕ.
505 ἐγὼ δὲ δεῖν γε, κυριώτερος σέθεν.

ΔΙ.
οὐκ οἶσθ' ὅ τι ζῇς, οὐδ' ὃ δρᾷς, οὐδ' ὅστις εἶ.

ΠΕ.
Πενθεύς, Ἀγαύης παῖς, πατρὸς δ' Ἐχίονος.

ΔΙ.
ἐνδυστυχῆσαι τοὔνομ' ἐπιτήδειος εἶ.

ΠΕ.
χώρει· καθείρξατ' αὐτὸν ἱππικαῖς πέλας
510 φάτναισιν, ὡς ἂν σκότιον εἰσορᾷ κνέφας.
ἐκεῖ χόρευε· τάσδε δ' ἃς ἄγων πάρει
κακῶν συνεργοὺς ἢ διεμπολήσομεν
ἢ χεῖρα δούπου τοῦδε καὶ βύρσης κτύπου
παύσας, ἐφ' ἱστοῖς δμωίδας κεκτήσομαι.

ΔΙ.
515 στείχοιμ' ἄν· ὅ τι γὰρ μὴ χρεών, οὔτοι χρεὼν
παθεῖν. ἀτάρ τοι τῶνδ' ἄποιν' ὑβρισμάτων
μέτεισι Διόνυσός σ', ὃν οὐκ εἶναι λέγεις·
ἡμᾶς γὰρ ἀδικῶν κεῖνον εἰς δεσμοὺς ἄγεις.

[στρ. ΧΟ. — . . . . . .
        'Αχελῴου θύγατερ,
520   πότνι' εὐπάρθενε Δίρκα,
     σὺ γὰρ ἐν σαῖς ποτε παγαῖς
       τὸ Διὸς βρέφος ἔλαβες,
     ὅτε μηρῷ πυρὸς ἐξ ἀ-
     θανάτου Ζεὺς ὁ τεκὼν ἥρ-
525   πασέ νιν, τάδ' ἀναβοάσας·
     "Ἴθι, Διθύραμβ', ἐμὰν ἄρ-
     σενα τάνδε βᾶθι νηδύν·
     ἀναφαίνω σε τόδ', ὦ Βάκ-
     χιε, Θήβαις ὀνομάζειν.
530   σὺ δέ μ', ὦ μάκαιρα Δίρκα,
        στεφανηφόρους ἀπωθῇ
        θιάσους ἔχουσαν ἐν σοί.
        τί μ' ἀναίνῃ; τί με φεύγεις;
        ἔτι ναὶ τὰν βοτρυώδη
535   Διονύσου χάριν οἴνας,
     ἔτι σοι τοῦ Βρομίου μελήσει.

[ἀντ. — οἵαν οἵαν ὀργὰν
        ἀναφαίνει χθόνιον
     γένος ἐκφύς τε δράκοντός
540   ποτε Πενθεύς, ὃν Ἐχίων
       ἐφύτευσε χθόνιος,
     ἀγριωπὸν τέρας, οὐ φῶ-
     τα βρότειον, φόνιον δ' ὥσ-
     τε γίγαντ' ἀντίπαλον θεοῖς·
545   ὃς ἔμ' ἐν βρόχοισι τὰν τοῦ
     Βρομίου τάχα ξυνάψει,
     τὸν ἐμὸν δ' ἐντὸς ἔχει δώ-
     ματος ἤδη θιασώταν

550   ἐσορᾷς τάδ', ὦ Διὸς παῖ
       Διόνυσε, σοὺς προφήτας
       ἐν ἁμίλλαισιν ἀνάγκας;
       μόλε, χρυσῶπα τινάσσων,
       ἄνα, θύρσον κατ' Ὄλυμπον,
555   φονίου δ' ἀνδρὸς ὕβριν κατάσχες.

—   πόθι Νύσας ἄρα τᾶς θη-
       ροτρόφου θυρσοφορεῖς
       θιάσους, ὦ Διόνυσ', ἢ
       κορυφαῖς Κωρυκίαις;
560   τάχα δ' ἐν ταῖς πολυδένδρεσ-
       σιν Ὀλύμπου θαλάμαις, ἔν-
       θα ποτ' Ὀρφεὺς κιθαρίζων
       σύναγεν δένδρεα μούσαις,
       σύναγεν θῆρας ἀγρώτας.
565   μάκαρ ὦ Πιερία,
       σέβεταί σ' Εὔιος, ἥξει
       τε χορεύσων ἅμα βακχεύ-
       μασι, τόν τ' ὠκυρόαν
       διαβὰς Ἀξιὸν εἰλισ-
570   σομένας Μαινάδας ἄξει,
       Λυδίαν πατέρα τε, τὸν
       τᾶς εὐδαιμονίας βροτοῖς
       ὀλβοδόταν, τὸν ἔκλυον
       εὔιππον χώραν ὕδασιν
575   καλλίστοισι λιπαίνειν.

ΔΙ.
       ἰώ,
       κλύετ' ἐμᾶς κλύετ' αὐδᾶς,
       ἰὼ βάκχαι, ἰὼ βάκχαι.

ΧΟ.
— τίς δδε, τίς ⟨δδε⟩ ; πόθεν ό κέλαδος
ἀνά μ' ἐκάλεσεν Εὐίου;

ΔΙ.
580   ἰὼ ἰώ, πάλιν αὐδῶ,
            ὁ Σεμέλας, ὁ Διὸς παῖς.

ΧΟ.
—   ἰὼ ἰὼ δέσποτα δέσποτα,
            μόλε νυν ἡμέτερον ἐς
            θίασον, ὦ Βρόμιε Βρόμιε.

ΔΙ.
585   ⟨σεῖε⟩ πέδον χθονὸς "Εννοσι πότνια.

ΧΟ.
—   ᾶ ᾶ,
            τάχα τὰ Πενθέως μέλαθρα διατι-
            νάξεται πεσήμασιν.
—   ὁ Διόνυσος ἀνὰ μέλαθρα·
590   σεβετέ νιν.   — σέβομεν ὤ.
—   εἴδετε λάινα κίοσιν ἔμβολα
            διάδρομα τάδε; Βρόμιος ⟨ὅδ'⟩ ἀλα-
            λάζεται στέγας ἔσω.

ΔΙ.
            ἅπτε κεραύνιον αἴθοπα λαμπάδα·
595   σύμφλεγε σύμφλεγε δώματα Πενθέος.

ΧΟ.
            ᾶ ᾶ,
            πῦρ οὐ λεύσσεις, οὐδ' αὐγάζῃ,

Σεμέλας ιερόν άμφι τάφον, άν
ποτε κεραυνόβολος έλιπε φλόγα
Δίου βροντάς;
600 δίκετε πεδόσε τρομερά σώματα
δίκετε, Μαινάδες· ο γαρ άναξ
άνω κάτω τιθείς έπεισι
μέλαθρα τάδε Διός γόνος.

ΔΙ.
βάρβαροι γυναίκες, ούτως εκπεπληγμέναι φόβω
605 προς πέδω πεπτώκατ'; ήσθησθ', ως έοικε, Βακχίου
διατινάξαντος †δώμα Πενθέως· άλλ'† εξανίστατε
σώμα και θαρσείτε σαρκός εξαμείψασαι τρόμον.

ΧΟ.
ώ φάος μέγιστον ημίν ευίου βακχεύματος,
ως εσείδον άσμένη σε, μονάδ' έχουσ' ερημίαν.

ΔΙ.
610 εις άθυμίαν άφίκεσθ', ηνίκ' εισεπεμπόμην,
Πενθέως ως ες σκοτεινάς όρκάνας πεσούμενος;

ΧΟ.
πώς γαρ ού; τίς μοι φύλαξ ήν, ει συ συμφοράς τύχοις;
άλλά πώς ήλευθερώθης άνδρός άνοσίου τυχών;

ΔΙ.
αυτός εξέσωσ' εμαυτόν ραδίως άνευ πόνου.

ΧΟ.
615 ουδέ σου συνήψε χείρε δεσμίοισιν εν βρόχοις;

ΔΙ.
ταῦτα καὶ καθύβρισ' αὐτόν, ὅτι με δεσμεύειν δοκῶν
οὔτ' ἔθιγεν οὔδ' ἥψαθ' ἡμῶν, ἐλπίσιν δ' ἐβόσκετο.
πρὸς φάτναις δὲ ταῦρον εὑρών, οὗ καθεῖρξ' ἡμᾶς ἄγων,
τῷδε περὶ βρόχους ἔβαλλε γόνασι καὶ χηλαῖς ποδῶν,
620 θυμὸν ἐκπνέων, ἱδρῶτα σώματος στάζων ἄπο,
χείλεσιν διδοὺς ὀδόντας· πλησίον δ' ἐγὼ παρὼν
ἥσυχος θάσσων ἔλευσσον. ἐν δὲ τῷδε τῷ χρόνῳ
ἀνετίναξ' ἐλθὼν ὁ Βάκχος δῶμα καὶ μητρὸς τάφῳ
πῦρ ἀνῆψ'· ὃ δ' ὡς ἐσεῖδε, δώματ' αἴθεσθαι δοκῶν,
625 ᾖσσ' ἐκεῖσε κᾆτ' ἐκεῖσε, δμωσὶν Ἀχελῷον φέρειν
ἐννέπων, ἅπας δ' ἐν ἔργῳ δοῦλος ἦν, μάτην πονῶν.
διαμεθεὶς δὲ τόνδε μόχθον, ὡς ἐμοῦ πεφευγότος,
ἵεται ξίφος κελαινὸν ἁρπάσας δόμων ἔσω.
κᾆθ' ὁ Βρόμιος, ὡς ἔμοιγε φαίνεται, δόξαν λέγω,
630 φάσμ' ἐποίησεν κατ' αὐλήν· ὃ δ' ἐπὶ τοῦθ' ὡρμημένος
ᾖσσε κἀκέντει φαεννὸν ⟨αἰθέρ'⟩, ὡς σφάζων ἐμέ.
πρὸς δὲ τοῖσδ' αὐτῷ τάδ' ἄλλα Βάκχιος λυμαίνεται·
δώματ' ἔρρηξεν χαμᾶζε· συντεθράνωται δ' ἅπαν
πικροτάτους ἰδόντι δεσμοὺς τοὺς ἐμούς· κόπου δ' ὕπο
635 διαμεθεὶς ξίφος παρεῖται· πρὸς θεὸν γὰρ ὢν ἀνὴρ
ἐς μάχην ἐλθεῖν ἐτόλμησε. ἥσυχος δ' ἐκβὰς ἐγὼ
δωμάτων ἥκω πρὸς ὑμᾶς, Πενθέως οὐ φροντίσας.
ὡς δέ μοι δοκεῖ —ψοφεῖ γοῦν ἀρβύλη δόμων ἔσω—
ἐς προνώπι' αὐτίχ' ἥξει. τί ποτ' ἄρ' ἐκ τούτων ἐρεῖ;
640 ῥᾳδίως γὰρ αὐτὸν οἴσω, κἂν πνέων ἔλθῃ μέγα.
πρὸς σοφοῦ γὰρ ἀνδρὸς ἀσκεῖν σώφρον' εὐοργησίαν.

ΠΕ.
πέπονθα δεινά· διαπέφευγέ μ' ὁ ξένος,
ὃς ἄρτι δεσμοῖς ἦν κατηναγκασμένος.
ἔα ἔα·

645 ὅδ' ἐστὶν ἀνήρ· τί τάδε; πῶς προνώπιος
φαίνῃ πρὸς οἴκοις τοῖς ἐμοῖς, ἔξω βεβώς;

ΔΙ.
στῆσον πόδ', ὀργῇ δ' ὑπόθες ἥσυχον πόδα.

ΠΕ.
πόθεν σὺ δεσμὰ διαφυγὼν ἔξω περᾷς;

ΔΙ.
οὐκ εἶπον —ἢ οὐκ ἤκουσας— ὅτι λύσει μέ τις;

ΠΕ.
650 τίς; τοὺς λόγους γὰρ ἐσφέρεις καινοὺς ἀεί.

ΔΙ.
ὃς τὴν πολύβοτρυν ἄμπελον φύει βροτοῖς.

ΠΕ.
. . . .

ΔΙ.
ὠνείδισας δὴ τοῦτο Διονύσῳ καλόν.

ΠΕ.
κλῄειν κελεύω πάντα πύργον ἐν κύκλῳ.

ΔΙ.
τί δ'; οὐχ ὑπερβαίνουσι καὶ τείχη θεοί;

ΠΕ.
655 σοφὸς σοφὸς σύ, πλὴν ἃ δεῖ σ' εἶναι σοφόν.

ΔΙ.
ἃ δεῖ μάλιστα, ταῦτ' ἔγωγ' ἔφυν σοφός.
κείνου δ' ἀκούσας πρῶτα τοὺς λόγους μάθε,
ὃς ἐξ ὄρους πάρεστιν ἀγγελῶν τί σοι·
ἡμεῖς δέ σοι μενοῦμεν, οὐ φευξούμεθα.

ΑΓΓΕΛΟΣ
660 Πενθεῦ κρατύνων τῆσδε Θηβαίας χθονός,
ἥκω Κιθαιρῶν' ἐκλιπών, ἵν' οὔποτε
λευκῆς χιόνος ἀνεῖσαν εὐαγεῖς βολαί.

ΠΕ.
ἥκεις δὲ ποίαν προστιθεὶς σπουδὴν λόγου;

ΑΓ.
βάκχας ποτνιάδας εἰσιδών, αἳ τῆσδε γῆς
665 οἴστροισι λευκὸν κῶλον ἐξηκόντισαν,
ἥκω φράσαι σοὶ καὶ πόλει χρῄζων, ἄναξ,
ὡς δεινὰ δρῶσι θαυμάτων τε κρείσσονα.
θέλω δ' ἀκοῦσαι, πότερά σοι παρρησίᾳ
φράσω τὰ κεῖθεν ἢ λόγον στειλώμεθα·
670 τὰ γὰρ τάχος σου τῶν φρενῶν δέδοικ', ἄναξ,
καὶ τοὐξύθυμον καὶ τὸ βασιλικὸν λίαν.

ΠΕ.
λέγ', ὡς ἀθῷος ἐξ ἐμοῦ πάντως ἔσῃ.
τοῖς γὰρ δικαίοις οὐχὶ θυμοῦσθαι χρεών.
ὅσῳ δ' ἂν εἴπῃς δεινότερα βακχῶν πέρι,
675 τοσῷδε μᾶλλον τὸν ὑποθέντα τὰς τέχνας
γυναιξὶ τόνδε τῇ δίκῃ προσθήσομεν.

ΑΓ.
ἀγελαῖα μὲν βοσκήματ' ἄρτι πρὸς λέπας
μόσχων ὑπεξήκριζον, ἡνίχ' ἥλιος
ἀκτῖνας ἐξίησι θερμαίνων χθόνα.
680 ὁρῶ δὲ θιάσους τρεῖς γυναικείων χορῶν,
ὧν ἦρχ' ἑνὸς μὲν Αὐτονόη, τοῦ δευτέρου
μήτηρ Ἀγαύη σή, τρίτου δ' Ἰνὼ χοροῦ.
ηὗδον δὲ πᾶσαι σώμασιν παρειμέναι,
αἳ μὲν πρὸς ἐλάτης νῶτ' ἐρείσασαι φόβην,
685 αἳ δ' ἐν δρυὸς φύλλοισι πρὸς πέδῳ κάρα
εἰκῇ βαλοῦσαι σωφρόνως, οὐχ ὡς σὺ φῂς
ᾠνωμένας κρατῆρι καὶ λωτοῦ ψόφῳ
θηρᾶν καθ' ὕλην Κύπριν ἠρημωμένας.
ἡ σὴ δὲ μήτηρ ὠλόλυξεν ἐν μέσαις
690 σταθεῖσα βάκχαις, ἐξ ὕπνου κινεῖν δέμας,
μυκήμαθ' ὡς ἤκουσε κεροφόρων βοῶν.
αἳ δ' ἀποβαλοῦσαι θαλερὸν ὀμμάτων ὕπνον
ἀνῇξαν ὀρθαί, θαῦμ' ἰδεῖν εὐκοσμίας,
νέαι παλαιαὶ παρθένοι τ' ἔτ' ἄζυγες.
695 καὶ πρῶτα μὲν καθεῖσαν εἰς ὤμους κόμας
νεβρίδας τ' ἀνεστείλανθ' ὅσαισιν ἁμμάτων
σύνδεσμ' ἐλέλυτο, καὶ καταστίκτους δορὰς
ὄφεσι κατεζώσαντο λιχμῶσιν γένυν.
αἳ δ' ἀγκάλαισι δορκάδ' ἢ σκύμνους λύκων
700 ἀγρίους ἔχουσαι λευκὸν ἐδίδοσαν γάλα,
ὅσαις νεοτόκοις μαστὸς ἦν σπαργῶν ἔτι
βρέφη λιπούσαις· ἐπὶ δ' ἔθεντο κισσίνους
στεφάνους δρυός τε μίλακός τ' ἀνθεσφόρου.
θύρσον δέ τις λαβοῦσ' ἔπαισεν ἐς πέτραν,
705 ὅθεν δροσώδης ὕδατος ἐκπηδᾷ νοτίς·
ἄλλη δὲ νάρθηκ' ἐς πέδον καθῆκε γῆς,
καὶ τῇδε κρήνην ἐξανῆκ' οἴνου θεός·
ὅσαις δὲ λευκοῦ πώματος πόθος παρῆν,

ἄκροισι δακτύλοισι διαμῶσαι χθόνα
710 γάλακτος ἑσμοὺς εἶχον· ἐκ δὲ κισσίνων
θύρσων γλυκεῖαι μέλιτος ἔσταζον ῥοαί.
ὥστ', εἰ παρῆσθα, τὸν θεὸν τὸν νῦν ψέγεις
εὐχαῖσιν ἂν μετῆλθες εἰσιδὼν τάδε.
ξυνήλθομεν δὲ βουκόλοι καὶ ποιμένες,
715 κοινῶν λόγων δώσοντες ἀλλήλοις ἔριν
ὡς δεινὰ δρῶσι θαυμάτων τ' ἐπάξια·
καί τις πλάνης κατ' ἄστυ καὶ τρίβων λόγων
ἔλεξεν εἰς ἅπαντας· Ὦ σεμνὰς πλάκας
ναίοντες ὀρέων, θέλετε θηρασώμεθα
720 Πενθέως Ἀγαύην μητέρ' ἐκ βακχευμάτων
χάριν τ' ἄνακτι θώμεθα; εὖ δ' ἡμῖν λέγειν
ἔδοξε, θάμνων δ' ἐλλοχίζομεν φόβαις
κρύψαντες αὑτούς· αἳ δὲ τὴν τεταγμένην
ὥραν ἐκίνουν θύρσον ἐς βακχεύματα,
725 Ἴακχον ἀθρόῳ στόματι τὸν Διὸς γόνον
Βρόμιον καλοῦσαι· πᾶν δὲ συνεβάκχευ' ὄρος
καὶ θῆρες, οὐδὲν δ' ἦν ἀκίνητον δρόμῳ.
κυρεῖ δ' Ἀγαύη πλησίον θρῴσκουσά μου·
κἀγὼ 'ξεπήδησ' ὡς συναρπάσαι θέλων,
730 λόχμην κενώσας ἔνθ' ἐκρυπτόμην δέμας.
ἡ δ' ἀνεβόησεν· Ὦ δρομάδες ἐμαὶ κύνες,
θηρώμεθ' ἀνδρῶν τῶνδ' ὕπ'· ἀλλ' ἕπεσθέ μοι,
ἕπεσθε θύρσοις διὰ χερῶν ὡπλισμέναι.
ἡμεῖς μὲν οὖν φεύγοντες ἐξηλύξαμεν
735 βακχῶν σπαραγμόν, αἳ δὲ νεμομέναις χλόην
μόσχοις ἐπῆλθον χειρὸς ἀσιδήρου μέτα.
καὶ τὴν μὲν ἂν προσεῖδες εὔθηλον πόριν
μυκωμένην ἔχουσαν ἐν χεροῖν δίχα,
ἄλλαι δὲ δαμάλας διεφόρουν σπαράγμασιν.
740 εἶδες δ' ἂν ἢ πλεύρ' ἢ δίχηλον ἔμβασιν
ῥιπτόμεν' ἄνω τε καὶ κάτω· κρεμαστὰ δὲ

ἔσταζ' ὑπ' ἐλάταις ἀναπεφυρμέν' αἵματι.
ταῦροι δ' ὑβρισταὶ κἀς κέρας θυμούμενοι
τὸ πρόσθεν ἐσφάλλοντο πρὸς γαῖαν δέμας,
745 μυριάσι χειρῶν ἀγόμενοι νεανίδων.
θᾶσσον δὲ διεφοροῦντο σαρκὸς ἐνδυτὰ
ἢ σὲ ξυνάψαι βλέφαρα βασιλείοις κόραις.
χωροῦσι δ' ὥστ' ὄρνιθες ἀρθεῖσαι δρόμῳ
πεδίων ὑποτάσεις, αἳ παρ' Ἀσωποῦ ῥοαῖς
750 εὔκαρπον ἐκβάλλουσι Θηβαίων στάχυν·
Ὑσιάς τ' Ἐρυθράς θ', αἳ Κιθαιρῶνος λέπας
νέρθεν κατῳκήκασιν, ὥστε πολέμιοι,
ἐπεσπεσοῦσαι πάντ' ἄνω τε καὶ κάτω
διέφερον· ἥρπαζον μὲν ἐκ δόμων τέκνα·
755 ὁπόσα δ' ἐπ' ὤμοις ἔθεσαν, οὐ δεσμῶν ὕπο
προσείχετ' οὐδ' ἔπιπτεν ἐς μέλαν πέδον,
οὐ χαλκός, οὐ σίδηρος· ἐπὶ δὲ βοστρύχοις
πῦρ ἔφερον, οὐδ' ἔκαιεν. οἳ δ' ὀργῆς ὕπο
ἐς ὅπλ' ἐχώρουν φερόμενοι βακχῶν ὕπο·
760 οὗπερ τὸ δεινὸν ἦν θέαμ' ἰδεῖν, ἄναξ.
τοῖς μὲν γὰρ οὐχ ᾕμασσε λογχωτὸν βέλος,
κεῖναι δὲ θύρσους ἐξανιεῖσαι χερῶν
ἐτραυμάτιζον κἀπενώτιζον φυγῇ
γυναῖκες ἄνδρας, οὐκ ἄνευ θεῶν τινος.
765 πάλιν δ' ἐχώρουν ὅθεν ἐκίνησαν πόδα,
κρήνας ἐπ' αὐτὰς ἃς ἀνῆκ' αὐταῖς θεός.
νίψαντο δ' αἷμα, σταγόνα δ' ἐκ παρηίδων
γλώσσῃ δράκοντες ἐξεφαίδρυνον χροός.

τὸν δαίμον' οὖν τόνδ' ὅστις ἔστ', ὦ δέσποτα,
770 δέχου πόλει τῇδ'· ὡς τά τ' ἄλλ' ἐστὶν μέγας,
κἀκεῖνό φασιν αὐτόν, ὡς ἐγὼ κλύω,
τὴν παυσίλυπον ἄμπελον δοῦναι βροτοῖς.
οἴνου δὲ μηκέτ' ὄντος οὐκ ἔστιν Κύπρις
οὐδ' ἄλλο τερπνὸν οὐδὲν ἀνθρώποις ἔτι.

ΧΟ.
ταρβῶ μὲν εἰπεῖν τοὺς λόγους ἐλευθέρους
πρὸς τὸν τύραννον, ἀλλ' ὅμως εἰρήσεται·
Διόνυσος ἥσσων οὐδενὸς θεῶν ἔφυ.

ΠΕ.
ἤδη τόδ' ἐγγὺς ὥστε πῦρ ὑφάπτεται
ὕβρισμα βακχῶν, ψόγος ἐς Ἕλληνας μέγας.
ἀλλ' οὐκ ὀκνεῖν δεῖ· στεῖχ' ἐπ' Ἠλέκτρας ἰὼν
πύλας· κέλευε πάντας ἀσπιδηφόρους
ἵππων τ' ἀπαντᾶν ταχυπόδων ἐπεμβάτας
πέλτας θ' ὅσοι πάλλουσι καὶ τόξων χερὶ
ψάλλουσι νευράς, ὡς ἐπιστρατεύσομεν
βάκχαισιν· οὐ γὰρ ἀλλ' ὑπερβάλλει τάδε,
εἰ πρὸς γυναικῶν πεισόμεσθ' ἃ πάσχομεν.

ΔΙ.
πείθῃ μὲν οὐδέν, τῶν ἐμῶν λόγων κλύων,
Πενθεῦ· κακῶς δὲ πρὸς σέθεν πάσχων ὅμως
οὔ φημι χρῆναί σ' ὅπλ' ἐπαίρεσθαι θεῷ,
ἀλλ' ἡσυχάζειν· Βρόμιος οὐκ ἀνέξεται
κινοῦντα βάκχας <σ'> εὐίων ὀρῶν ἄπο.

ΠΕ.
οὐ μὴ φρενώσεις μ', ἀλλὰ δέσμιος φυγὼν
σῴσῃ τόδ'; ἢ σοὶ πάλιν ἀναστρέψω δίκην;

ΔΙ.
θύοιμ' ἂν αὐτῷ μᾶλλον ἢ θυμούμενος
πρὸς κέντρα λακτίζοιμι θνητὸς ὢν θεῷ.

ΠΕ.
θύσω, φόνον γε θῆλυν, ὥσπερ ἄξιαι,
πολὺν ταράξας ἐν Κιθαιρῶνος πτυχαῖς.

ΔΙ.
φεύξεσθε πάντες· καὶ τόδ' αἰσχρόν, ἀσπίδας
θύρσοισι βακχῶν ἐκτρέπειν χαλκηλάτους.

ΠΕ.
800   ἀπόρῳ γε τῷδε συμπεπλέγμεθα ξένῳ,
ὃς οὔτε πάσχων οὔτε δρῶν σιγήσεται.

ΔΙ.
ὦ τᾶν, ἔτ' ἔστιν εὖ καταστῆσαι τάδε.

ΠΕ.
τί δρῶντα; δουλεύοντα δουλείαις ἐμαῖς;

ΔΙ.
ἐγὼ γυναῖκας δεῦρ' ὅπλων ἄξω δίχα.

ΠΕ.
805   οἴμοι· τόδ' ἤδη δόλιον ἔς με μηχανᾷ.

ΔΙ.
ποῖόν τι, σῷσαί σ' εἰ θέλω τέχναις ἐμαῖς;

ΠΕ.
ξυνέθεσθε κοινῇ τάδ', ἵνα βακχεύητ' ἀεί.

ΔΙ.
καὶ μὴν ξυνεθέμην —τοῦτό γ' ἔστι— τῷ θεῷ.

ΠΕ.
ἐκφέρετέ μοι δεῦρ' ὅπλα, σὺ δὲ παῦσαι λέγων.

ΔΙ.
810 ἆ.
βούλῃ σφ' ἐν ὄρεσι συγκαθημένας ἰδεῖν;

ΠΕ.
μάλιστα, μυρίον γε δοὺς χρυσοῦ σταθμόν.

ΔΙ.
τί δ' εἰς ἔρωτα τοῦδε πέπτωκας μέγαν;

ΠΕ.
λυπρῶς νιν εἰσίδοιμ' ἂν ἐξῳνωμένας.

ΔΙ.
815 ὅμως δ' ἴδοις ἂν ἡδέως ἅ σοι πικρά;

ΠΕ.
σάφ' ἴσθι, σιγῇ γ' ὑπ' ἐλάταις καθήμενος.

ΔΙ.
ἀλλ' ἐξιχνεύσουσίν σε, κἂν ἔλθῃς λάθρᾳ.

ΠΕ.
ἀλλ' ἐμφανῶς· καλῶς γὰρ ἐξεῖπας τάδε.

ΔΙ.
ἄγωμεν οὖν σε κἀπιχειρήσεις ὁδῷ;

ΠΕ.
820 ἄγ' ὡς τάχιστα, τοῦ χρόνου δέ σοι φθονῶ.

ΔΙ.
στεῖλαί νυν ἀμφὶ χρωτὶ βυσσίνους πέπλους.

ΠΕ.
τί δὴ τόδ'; ἐς γυναῖκας ἐξ ἀνδρὸς τελῶ;

ΔΙ.
μή σε κτάνωσιν, ἢν ἀνὴρ ὀφθῇς ἐκεῖ.

ΠΕ.
εὖ γ' εἶπας αὖ τόδ'· ὥς τις εἶ πάλαι σοφός.

ΔΙ.
825 Διόνυσος ἡμᾶς ἐξεμούσωσεν τάδε.

ΠΕ.
πῶς οὖν γένοιτ' ἂν ἃ σύ με νουθετεῖς καλῶς;

ΔΙ.
ἐγὼ στελῶ σε δωμάτων ἔσω μολών.

ΠΕ.
τίνα στολήν; ἦ θῆλυν; ἀλλ' αἰδώς μ' ἔχει.

ΔΙ.
οὐκέτι θεατὴς μαινάδων πρόθυμος εἶ.

ΠΕ.
830 στολὴν δὲ τίνα φῂς ἀμφὶ χρῶτ' ἐμὸν βαλεῖν;

ΔΙ.
κόμην μὲν ἐπὶ σῷ κρατὶ ταναὸν ἐκτενῶ.

ΠΕ.
τὸ δεύτερον δὲ σχῆμα τοῦ κόσμου τί μοι;

ΔΙ.
πέπλοι ποδήρεις· ἐπὶ κάρᾳ δ' ἔσται μίτρα.

ΠΕ.
ἦ καί τι πρὸς τοῖσδ' ἄλλο προσθήσεις ἐμοί;

ΔΙ.
835 θύρσον γε χειρὶ καὶ νεβροῦ στικτὸν δέρας.

ΠΕ.
οὐκ ἂν δυναίμην θῆλυν ἐνδῦναι στολήν.

ΔΙ.
ἀλλ' αἷμα θήσεις συμβαλὼν βάκχαις μάχην.

ΠΕ.
ὀρθῶς· μολεῖν χρὴ πρῶτον εἰς κατασκοπήν.

ΔΙ.
σοφώτερον γοῦν ἢ κακοῖς θηρᾶν κακά.

ΠΕ.
840 καὶ πῶς δι' ἄστεως εἶμι Καδμείους λαθών;

ΔΙ.
ὁδοὺς ἐρήμους ἵμεν· ἐγὼ δ' ἡγήσομαι.

ΠΕ.
πᾶν κρεῖσσον ὥστε μὴ 'γγελᾶν βάκχας ἐμοί.
ἐλθόντ' ἐς οἴκους... ἂν δοκῇ βουλεύσομαι.

ΔΙ.
ἔξεστι· πάντῃ τό γ' ἐμὸν εὐτρεπὲς πάρα.

ΠΕ.
845 στείχοιμ' ἄν· ἢ γὰρ ὅπλ' ἔχων πορεύσομαι
ἢ τοῖσι σοῖσι πείσομαι βουλεύμασιν.

ΔΙ.
ἥξει δὲ βάκχας, οὗ θανὼν δώσει δίκην.
γυναῖκες, ἀνὴρ ἐς βόλον καθίσταται.
Διόνυσε, νῦν σὸν ἔργον· οὐ γὰρ εἶ πρόσω·
850 τεισώμεθ' αὐτόν. πρῶτα δ' ἔκστησον φρενῶν,
ἐνεὶς ἐλαφρὰν λύσσαν· ὡς φρονῶν μὲν εὖ
οὐ μὴ θελήσῃ θῆλυν ἐνδῦναι στολήν,
ἔξω δ' ἐλαύνων τοῦ φρονεῖν ἐνδύσεται.
χρῄζω δέ νιν γέλωτα Θηβαίοις ὀφλεῖν
855 γυναικόμορφον ἀγόμενον δι' ἄστεως
ἐκ τῶν ἀπειλῶν τῶν πρίν, αἷσι δεινὸς ἦν.
ἀλλ' εἶμι κόσμον ὅνπερ εἰς Ἅιδου λαβὼν
ἄπεισι μητρὸς ἐκ χεροῖν κατασφαγείς,
Πενθεῖ προσάψων· γνώσεται δὲ τὸν Διὸς
860 Διόνυσον, ὃς πέφυκεν ἐν τέλει θεός,
δεινότατος, ἀνθρώποισι δ' ἠπιώτατος.

ΧΟ.
[στρ. — ἆρ' ἐν παννυχίοις χοροῖς
θήσω ποτὲ λευκὸν
πόδ' ἀναβακχεύουσα, δέραν
865 εἰς αἰθέρα δροσερὸν ῥίπτουσ',
ὡς νεβρὸς χλοεραῖς ἐμπαί-
ζουσα λείμακος ἡδοναῖς,
ἡνίκ' ἂν φοβερὰν φύγῃ
θήραν ἔξω φυλακᾶς

870   εὐπλέκτων ὑπὲρ ἀρκύων,
         θωΰσσων δὲ κυναγέτας
         συντείνῃ δράμημα κυνῶν·
         μόχθοις τ' ὠκυδρόμοις τ' ἀέλ-
            λαις θρῴσκει πεδίον
         παραποτάμιον, ἡδομένα
875   βροτῶν ἐρημίας σκιαρο-
            κόμοιό τ' ἔρνεσιν ὕλας.

    —   τί τὸ σοφόν; ἢ τί τὸ κάλλιον
         παρὰ θεῶν γέρας ἐν βροτοῖς
         ἢ χεῖρ' ὑπὲρ κορυφᾶς
880   τῶν ἐχθρῶν κρείσσω κατέχειν;
         ὅ τι καλὸν φίλον ἀεί.

[ἀντ. — ὁρμᾶται μόλις, ἀλλ' ὅμως
            πιστόν ⟨τι⟩ τὸ θεῖον
         σθένος· ἀπευθύνει δὲ βροτῶν
885   τούς τ' ἀγνωμοσύναν τιμῶν-
         τας καὶ μὴ τὰ θεῶν αὔξον-
         τας σὺν μαινομένᾳ δόξᾳ.
         κρυπτεύουσι δὲ ποικίλως
            δαρὸν χρόνου πόδα καὶ
890   θηρῶσιν τὸν ἄσεπτον. οὐ
         γὰρ κρεῖσσόν ποτε τῶν νόμων
         γιγνώσκειν χρὴ καὶ μελετᾶν.
         κούφα γὰρ δαπάνα νομί-
            ζειν ἰσχὺν τόδ' ἔχειν,
         ὅ τι ποτ' ἄρα τὸ δαιμόνιον,
895   τό τ' ἐν χρόνῳ μακρῷ νόμιμον
            ἀεὶ φύσει τε πεφυκός.

— τί τὸ σοφόν. ἢ τί τὸ κάλλιον
παρὰ θεῶν γέρας ἐν βροτοῖς
ἢ χεῖρ' ὑπὲρ κορυφᾶς
τῶν ἐχθρῶν κρείσσω κατέχειν;
ὅ τι καλὸν φίλον ἀεί.

— εὐδαίμων μὲν ὃς ἐκ θαλάσσας
ἔφυγε χεῖμα, λιμένα δ' ἔκιχεν·
εὐδαίμων δ' ὃς ὕπερθε μόχθων
ἐγένεθ'. ἑτέρᾳ δ' ἕτερος ἕτερον
ὄλβῳ καὶ δυνάμει παρῆλθεν·
μυρίαι δ' ἔτι μυρίοις
εἰσὶν ἐλπίδες· αἳ μὲν
τελευτῶσιν ἐν ὄλβῳ
βροτοῖς, αἳ δ' ἀπέβησαν·
τὸ δὲ κατ' ἦμαρ ὅτῳ βίοτος
εὐδαίμων, μακαρίζω.

ΔΙ.
σὲ τὸν πρόθυμον ὄνθ' ἃ μὴ χρεὼν ὁρᾶν
σπεύδοντά τ' ἀσπούδαστα, Πενθέα λέγω,
ἔξιθι πάροιθε δωμάτων, ὄφθητί μοι,
σκευὴν γυναικὸς μαινάδος βάκχης ἔχων,
μητρός τε τῆς σῆς καὶ λόχου κατάσκοπος·
πρέπεις δὲ Κάδμου θυγατέρων μορφὴν μιᾷ.

ΠΕ.
καὶ μὴν ὁρᾶν μοι δύο μὲν ἡλίους δοκῶ,
δισσὰς δὲ Θήβας καὶ πόλισμ' ἑπτάστομον·
καὶ ταῦρος ἡμῖν πρόσθεν ἡγεῖσθαι δοκεῖς
καὶ σῷ κέρατα κρατὶ προσπεφυκέναι.
ἀλλ' ἦ ποτ' ἦσθα θήρ; τεταύρωσαι γὰρ οὖν.

ΔΙ.
ὁ θεὸς ὁμαρτεῖ, πρόσθεν ὢν οὐκ εὐμενής,
ἔνσπονδος ἡμῖν· νῦν δ' ὁρᾷς ἃ χρή σ' ὁρᾶν.

ΠΕ.
925 τί φαίνομαι δῆτ'; οὐχὶ τὴν Ἰνοῦς στάσιν
ἢ τὴν Ἀγαύης ἑστάναι, μητρός γ' ἐμῆς;

ΔΙ.
αὐτὰς ἐκείνας εἰσορᾶν δοκῶ σ' ὁρῶν.
ἀλλ' ἐξ ἕδρας σοι πλόκαμος ἐξέστηχ' ὅδε,
οὐχ ὡς ἐγώ νιν ὑπὸ μίτρᾳ καθήρμοσα.

ΠΕ.
930 ἔνδον προσείων αὐτὸν ἀνασείων τ' ἐγὼ
καὶ βακχιάζων ἐξ ἕδρας μεθώρμισα.

ΔΙ.
ἀλλ' αὐτὸν ἡμεῖς, οἷς σε θεραπεύειν μέλει,
πάλιν καταστελοῦμεν· ἀλλ' ὄρθου κάρα.

ΠΕ.
ἰδού, σὺ κόσμει· σοὶ γὰρ ἀνακείμεσθα δή.

ΔΙ.
935 ζῶναί τέ σοι χαλῶσι κοὐχ ἑξῆς πέπλων
στολίδες ὑπὸ σφυροῖσι τείνουσιν σέθεν.

ΠΕ.
κἀμοὶ δοκοῦσι παρά γε δεξιὸν πόδα·
τἀνθένδε δ' ὀρθῶς παρὰ τένοντ' ἔχει πέπλος.

ΔΙ.
ἦ πού με τῶν σῶν πρῶτον ἡγήσῃ φίλων,
940 ὅταν παρὰ λόγον σώφρονας βάκχας ἴδῃς.

ΠΕ.
πότερα δὲ θύρσον δεξιᾷ λαβὼν χερὶ
ἢ τῇδε, βάκχῃ μᾶλλον εἰκασθήσομαι;

ΔΙ.
ἐν δεξιᾷ χρὴ χἄμα δεξιῷ ποδὶ
αἴρειν νιν· αἰνῶ δ' ὅτι μεθέστηκας φρενῶν.

ΠΕ.
945 ἆρ' ἂν δυναίμην τὰς Κιθαιρῶνος πτυχὰς
αὐταῖσι βάκχαις τοῖς ἐμοῖς ὤμοις φέρειν;

ΔΙ.
δύναι' ἄν, εἰ βούλοιο· τὰς δὲ πρὶν φρένας
οὐκ εἶχες ὑγιεῖς, νῦν δ' ἔχεις οἵας σε δεῖ.

ΠΕ.
μοχλοὺς φέρωμεν; ἢ χεροῖν ἀνασπάσω
950 κορυφαῖς ὑποβαλὼν ὦμον ἢ βραχίονα;

ΔΙ.
μὴ σύ γε τὰ Νυμφῶν διολέσῃς ἱδρύματα
καὶ Πανὸς ἕδρας ἔνθ' ἔχει συρίγματα.

ΠΕ.
καλῶς ἔλεξας· οὐ σθένει νικητέον
γυναῖκας· ἐλάταισιν δ' ἐμὸν κρύψω δέμας.

ΔΙ.
κρύψῃ σὺ κρύψιν ἥν σε κρυφθῆναι χρεών,
ἐλθόντα δόλιον μαινάδων κατάσκοπον.

ΠΕ.
καὶ μὴν δοκῶ σφᾶς ἐν λόχμαις ὄρνιθας ὣς
λέκτρων ἔχεσθαι φιλτάτοις ἐν ἕρκεσιν.

ΔΙ.
οὐκοῦν ἐπ' αὐτὸ τοῦτ' ἀποστέλλῃ φύλαξ·
λήψῃ δ' ἴσως σφᾶς, ἢν σὺ μὴ ληφθῇς πάρος.

ΠΕ.
κόμιζε διὰ μέσης με Θηβαίας χθονός·
μόνος γὰρ αὐτῶν εἴμ' ἀνὴρ τολμῶν τόδε.

ΔΙ.
μόνος σὺ πόλεως τῆσδ' ὑπερκάμνεις, μόνος·
τοιγάρ σ' ἀγῶνες ἀναμένουσιν οὓς ἐχρῆν.
ἕπου δέ· πομπὸς [δ'] εἴμ' ἐγὼ σωτήριος,
κεῖθεν δ' ἀπάξει σ' ἄλλος.

ΠΕ.
ἡ τεκοῦσά γε.

ΔΙ.
ἐπίσημον ὄντα πᾶσιν.

ΠΕ.
ἐπὶ τόδ' ἔρχομαι.

ΔΙ.
φερόμενος ἥξεις . . .

ΠΕ.
ἁβρότητ' ἐμὴν λέγεις.

ΔΙ.
ἐν χερσὶ μητρός.

ΠΕ.
καὶ τρυφᾶν μ' ἀναγκάσεις.

ΔΙ.
τρυφάς γε τοιάσδε.

ΠΕ.
970 ἀξίων μὲν ἅπτομαι.

ΔΙ.
δεινὸς σὺ δεινὸς κἀπὶ δείν' ἔρχῃ πάθη,
ὥστ' οὐρανῷ στηρίζον εὑρήσεις κλέος.
    ἔκτειν', Ἀγαύη, χεῖρας αἵ θ' ὁμόσποροι
Κάδμου θυγατέρες· τὸν νεανίαν ἄγω
975 τόνδ' εἰς ἀγῶνα μέγαν, ὁ νικήσων δ' ἐγὼ
καὶ Βρόμιος ἔσται. τἄλλα δ' αὐτὸ σημανεῖ.

ΧΟ.
[στρ.   — ἴτε θοαὶ Λύσσας κύνες ἴτ' εἰς ὄρος,
       θίασον ἔνθ' ἔχουσι Κάδμου κόραι,
           ἀνοιστρήσατέ νιν
980   ἐπὶ τὸν ἐν γυναικομίμῳ στολᾷ
       λυσσώδη κατάσκοπον μαινάδων.
       μάτηρ πρῶτά νιν λευρᾶς ἀπὸ πέτρας
           ἢ σκόλοπος ὄψεται
       δοκεύοντα, μαινάσιν δ' ἀπύσει·
985   Τίς ὅδ' ὀρειδρόμων

μαστὴρ Καδμείων ἐς ὄρος ἐς ὄρος ἔμολ᾽
ἔμολεν, ὦ βάκχαι; τίς ἄρα νιν ἔτεκεν;
οὐ γὰρ ἐξ αἵματος
γυναικῶν ἔφυ, λεαίνας δέ τινος
990 ὅδ᾽ ἢ Γοργόνων Λιβυσσᾶν γένος.

— ἴτω δίκα φανερός, ἴτω ξιφηφόρος
     φονεύουσα λαιμῶν διαμπὰξ
995 τὸν ἄθεον ἄνομον ἄδικον Ἐχίονος
γόνον γηγενῆ.

[ἀντ. — ὃς ἀδίκῳ γνώμᾳ παρανόμῳ τ᾽ ὀργᾷ
περὶ ⟨σὰ⟩, Βάκχι᾽, ὄργια ματρός τε σᾶς
μανείσᾳ πραπίδι
1000 παρακόπῳ τε λήματι στέλλεται,
τἀνίκατον ὡς κρατήσων βίᾳ,
γνωμᾶν σωφρόνισμα θάνατος· ἀπροφάσι-
     στως ⟨δ᾽⟩ ἐς τὰ θεῶν ἔφυ
βροτείως τ᾽ ἔχειν ἄλυπος βίος.
1005   τὸ σοφὸν οὐ φθονῶ·
χαίρω θηρεύουσα τάδ᾽ ἕτερα μεγάλα
φανερά θ᾽· ὧν ἀεὶ ἐπὶ τὰ καλὰ βίον,
ἦμαρ ἐς νύκτα τ᾽ εὐ-
αγοῦντ᾽ εὐσεβεῖν, τὰ δ᾽ ἔξω νόμιμα
1010 δίκας ἐκβαλόντα τιμᾶν θεούς.

— ἴτω δίκα φανερός, ἴτω ξιφηφόρος
     φονεύουσα λαιμῶν διαμπὰξ
1015 τὸν ἄθεον ἄνομον ἄδικον Ἐχίονος
τόκον γηγενῆ.

[ἐπῳδ..— φάνηθι ταῦρος ἢ πολύκρανος ἰδεῖν
δράκων ἢ πυριλέγων ὁρᾶσθαι λέων.

1020   ἴθ', ὦ Βάκχε, θηραγρευτᾷ βακχᾶν
       γελῶντι προσώπῳ περίβαλε βρόχον
       ἐπὶ θανάσιμον ἀγέλαν πεσόν-
       τι τὰν μαινάδων.

       ΑΓΓΕΛΟΣ Β
       ὦ δῶμ' ὃ πρίν ποτ' εὐτύχεις ἀν' Ἑλλάδα,
1025   Σιδωνίου γέροντος, ὃς τὸ γηγενὲς
       δράκοντος ἔσπειρ' Ὄφεος ἐν γαίᾳ θέρος,
       ὥς σε στενάζω, δοῦλος ὢν μέν, ἀλλ' ὅμως
       χρηστοῖσι δούλοις συμφορὰ τὰ δεσποτῶν.

       ΧΟ.
       τί δ' ἔστιν; ἐκ βακχῶν τι μηνύεις νέον;

       ΑΓ.
1030   Πενθεὺς ὄλωλεν, παῖς Ἐχίονος πατρός.

       ΧΟ.
          ὦναξ Βρόμιε, θεὸς φαίνῃ μέγας.

       ΑΓ.
       πῶς φῄς; τί τοῦτ' ἔλεξας; ἦ 'πὶ τοῖς ἐμοῖς
       χαίρεις κακῶς πράσσουσι δεσπόταις, γύναι;

       ΧΟ.
          εὐάζω ξένα μέλεσι βαρβάροις·
1035   οὐκέτι γὰρ δεσμῶν ὑπὸ φόβῳ πτήσσω.

       ΑΓ.
       Θήβας δ' ἀνάνδρους ὧδ' ἄγεις...
          . . . . ;

ΧΟ.
ὁ Διόνυσος ὁ Διόνυσος, οὐ Θῆβαι
κράτος ἔχουσ' ἐμόν.

ΑΓ.
συγγνωστὰ μέν σοι, πλὴν ἐπ' ἐξειργασμένοις
1040 κακοῖσι χαίρειν, ὦ γυναῖκες, οὐ καλόν.

ΧΟ.
ἔννεπέ μοι, φράσον, τίνι μόρῳ θνῄσκει
ἄδικος ἄδικά τ' ἐκπορίζων ἀνήρ;

ΑΓ.
ἐπεὶ θεράπνας τῆσδε Θηβαίας χθονὸς
λιπόντες ἐξέβημεν Ἀσωποῦ ῥοάς,
1045 λέπας Κιθαιρώνειον εἰσεβάλλομεν
Πενθεύς τε κἀγώ —δεσπότῃ γὰρ εἱπόμην—
ξένος θ' ὃς ἡμῖν πομπὸς ἦν θεωρίας.
  πρῶτον μὲν οὖν ποιηρὸν ἵζομεν νάπος,
τά τ' ἐκ ποδῶν σιγηλὰ καὶ γλώσσης ἄπο
1050 σῴζοντες, ὡς ὁρῷμεν οὐχ ὁρώμενοι.
ἦν δ' ἄγκος ἀμφίκρημνον, ὕδασι διάβροχον,
πεύκαισι συσκιάζον, ἔνθα μαινάδες
καθῆντ' ἔχουσαι χεῖρας ἐν τερπνοῖς πόνοις.
αἳ μὲν γὰρ αὐτῶν θύρσον ἐκλελοιπότα
1055 κισσῷ κομήτην αὖθις ἐξανέστεφον,
αἳ δ', ἐκλιποῦσαι ποικίλ' ὡς πῶλοι ζυγά,
βακχεῖον ἀντέκλαζον ἀλλήλαις μέλος.
Πενθεὺς δ' ὁ τλήμων θῆλυν οὐχ ὁρῶν ὄχλον
ἔλεξε τοιάδ'· Ὦ ξέν', οὗ μὲν ἕσταμεν,
1060 οὐκ ἐξικνοῦμαι μαινάδων ὅσσοις νόθων·
ὄχθων δ' ἔπ', ἀμβὰς ἐς ἐλάτην ὑψαύχενα,
ἴδοιμ' ἂν ὀρθῶς μαινάδων αἰσχρουργίαν.

τοὐντεῦθεν ἤδη τοῦ ξένου <τὸ> θαῦμ' ὁρῶ·
λαβὼν γὰρ ἐλάτης οὐράνιον ἄκρον κλάδον
1065 κατῆγεν, ἦγεν, ἦγεν ἐς μέλαν πέδον·
κυκλοῦτο δ' ὥστε τόξον ἢ κυρτὸς τροχὸς
τόρνῳ γραφόμενος περιφορὰν ἕλκει δρόμον·
ὣς κλῶν' ὄρειον ὁ ξένος χεροῖν ἄγων
ἔκαμπτεν ἐς γῆν, ἔργματ' οὐχὶ θνητὰ δρῶν.
1070 Πενθέα δ' ἱδρύσας ἐλατίνων ὄζων ἔπι,
ὀρθὸν μεθίει διὰ χερῶν βλάστημ' ἄνω
ἀτρέμα, φυλάσσων μὴ ἀναχαιτίσειέ νιν,
ὀρθὴ δ' ἐς ὀρθὸν αἰθέρ' ἐστηρίζετο,
ἔχουσα νώτοις δεσπότην ἐφήμενον·
1075 ὤφθη δὲ μᾶλλον ἢ κατεῖδε μαινάδας.
ὅσον γὰρ οὔπω δῆλος ἦν θάσσων ἄνω,
καὶ τὸν ξένον μὲν οὐκέτ' εἰσορᾶν παρῆν,
ἐκ δ' αἰθέρος φωνή τις, ὡς μὲν εἰκάσαι
Διόνυσος, ἀνεβόησεν· Ὦ νεάνιδες,
1080 ἄγω τὸν ὑμᾶς κἀμὲ τἀμά τ' ὄργια
γέλων τιθέμενον· ἀλλὰ τιμωρεῖσθέ νιν.
καὶ ταῦθ' ἅμ' ἠγόρευε καὶ πρὸς οὐρανὸν
καὶ γαῖαν ἐστήριζε φῶς σεμνοῦ πυρός.
σίγησε δ' αἰθήρ, σῖγα δ' ὕλιμος νάπη
1085 φύλλ' εἶχε, θηρῶν δ' οὐκ ἂν ἤκουσας βρόμον.
αἳ δ' ὠσὶν ἠχὴν οὐ σαφῶς δεδεγμέναι
ἔστησαν ὀρθαὶ καὶ διήνεγκαν κόρας.
ὃ δ' αὖθις ἐπεκέλευσεν· ὡς δ' ἐγνώρισαν
σαφῆ κελευσμὸν Βακχίου Κάδμου κόραι,
1090 ᾖξαν πελείας ὠκύτητ' οὐχ ἥσσονες
ποδῶν τρέχουσαι συντόνοις δραμήμασι,
μήτηρ Ἀγαύη σύγγονοί θ' ὁμόσποροι
πᾶσαί τε βάκχαι· διὰ δὲ χειμάρρου νάπης
ἀγμῶν τ' ἐπήδων θεοῦ πνοαῖσιν ἐμμανεῖς.
1095 ὡς δ' εἶδον ἐλάτῃ δεσπότην ἐφήμενον,

πρῶτον μὲν αὐτοῦ χερμάδας κραταιβόλους
ἔρριπτον, ἀντίπυργον ἐπιβᾶσαι πέτραν,
ὄζοισί τ' ἐλατίνοισιν ἠκοντίζετο.
ἄλλαι δὲ θύρσους ἵεσαν δι' αἰθέρος
1100 Πενθέως, στόχον δύστηνον· ἀλλ' οὐχ ἤνυτον.
κρεῖσσον γὰρ ὕψος τῆς προθυμίας ἔχων
καθῆστο τλήμων, ἀπορίᾳ λελημμένος.
τέλος δὲ δρυΐνους συγκεραυνοῦσαι κλάδους
ῥίζας ἀνεσπάρασσον ἀσιδήροις μοχλοῖς.
1105 ἐπεὶ δὲ μόχθων τέρματ' οὐκ ἐξήνυτον,
ἔλεξ' Ἀγαύη· Φέρε, περιστᾶσαι κύκλῳ
πτόρθου λάβεσθε, μαινάδες, τὸν ἀμβάτην
θῆρ' ὡς ἕλωμεν, μηδ' ἀπαγγείλῃ θεοῦ
χοροὺς κρυφαίους. αἳ δὲ μυρίαν χέρα
1110 προσέθεσαν ἐλάτῃ κἀξανέσπασαν χθονός·
ὑψοῦ δὲ θάσσων ὑψόθεν χαμαιριφὴς
πίπτει πρὸς οὖδας μυρίοις οἰμώγμασιν
Πενθεύς· κακοῦ δ' ἄρ' ἐγγὺς ὢν ἐμάνθανεν.
    πρώτη δὲ μήτηρ ἦρξεν ἱερέα φόνου
1115 καὶ προσπίτνει νιν· ὃ δὲ μίτραν κόμης ἄπο
ἔρριψεν, ὥς νιν γνωρίσασα μὴ κτάνοι
τλήμων Ἀγαύη, καὶ λέγει, παρηίδος
ψαύων· Ἐγώ τοι, μῆτερ, εἰμί, παῖς σέθεν
Πενθεύς, ὃν ἔτεκες ἐν δόμοις Ἐχίονος·
1120 οἴκτιρε δ' ὦ μῆτέρ με, μηδὲ ταῖς ἐμαῖς
ἁμαρτίαισι παῖδα σὸν κατακτάνῃς.
    ἣ δ' ἀφρὸν ἐξιεῖσα καὶ διαστρόφους
κόρας ἑλίσσουσ', οὐ φρονοῦσ' ἃ χρὴ φρονεῖν,
ἐκ Βακχίου κατείχετ', οὐδ' ἔπειθέ νιν.
1125 λαβοῦσα δ' ὠλένης ἀριστερὰν χέρα,
πλευραῖσιν ἀντιβᾶσα τοῦ δυσδαίμονος
ἀπεσπάραξεν ὦμον, οὐχ ὑπὸ σθένους,
ἀλλ' ὁ θεὸς εὐμάρειαν ἐπεδίδου χεροῖν·

Ἰνὼ δὲ τἀπὶ θάτερ' ἐξειργάζετο,
ῥηγνῦσα σάρκας, Αὐτονόη τ' ὄχλος τε πᾶς
ἐπεῖχε βακχῶν· ἦν δὲ πᾶσ' ὁμοῦ βοή,
ὃ μὲν στενάζων ὅσον ἐτύγχαν' ἐμπνέων,
αἳ δ' ἠλάλαζον. ἔφερε δ' ἣ μὲν ὠλένην,
ἣ δ' ἴχνος αὐταῖς ἀρβύλαις· γυμνοῦντο δὲ
πλευραὶ σπαραγμοῖς· πᾶσα δ' ἡματωμένη
χεῖρας διεσφαίριζε σάρκα Πενθέως.

κεῖται δὲ χωρὶς σῶμα, τὸ μὲν ὑπὸ στύφλοις
πέτραις, τὸ δ' ὕλης ἐν βαθυξύλῳ φόβῃ,
οὐ ῥᾴδιον ζήτημα· κρᾶτα δ' ἄθλιον,
ὅπερ λαβοῦσα τυγχάνει μήτηρ χεροῖν,
πήξασ' ἐπ' ἄκρον θύρσον ὡς ὀρεστέρου
φέρει λέοντος διὰ Κιθαιρῶνος μέσου,
λιποῦσ' ἀδελφὰς ἐν χοροῖσι μαινάδων.
χωρεῖ δὲ θήρᾳ δυσπότμῳ γαυρουμένη
τειχέων ἔσω τῶνδ', ἀνακαλοῦσα Βάκχιον
τὸν ξυγκύναγον, τὸν ξυνεργάτην ἄγρας,
τὸν καλλίνικον, ᾗ δάκρυα νικηφορεῖ.

ἐγὼ μὲν οὖν ⟨τῇδ'⟩ ἐκποδὼν τῇ ξυμφορᾷ
ἄπειμ', Ἀγαύην πρὶν μολεῖν πρὸς δώματα.
τὸ σωφρονεῖν δὲ καὶ σέβειν τὰ τῶν θεῶν
κάλλιστον· οἶμαι δ' αὐτὸ καὶ σοφώτατον
θνητοῖσιν εἶναι χρῆμα τοῖσι χρωμένοις.

ΧΟ.
— ἀναχορεύσωμεν Βάκχιον,
 ἀναβοάσωμεν ξυμφορὰν
 τὰν τοῦ δράκοντος Πενθέος ἐκγενέτα·
 ὃς τὰν θηλυγενῆ στολὰν
  νάρθηκά τε, †πιστὸν ⟩Αιδαν†
 ἔλαβεν εὔθυρσον,
 ταῦρον προηγητῆρα συμφορᾶς ἔχων.

1160   βάκχαι Καδμεῖαι,
      τὸν καλλίνικον κλεινὸν ἐξεπράξατε
      ἐς στόνον, ἐς δάκρυα.
      καλὸς ἀγών, χέρ' αἵματι στάζουσαν
      περιβαλεῖν τέκνου.

1165   — ἀλλ', εἰσορῶ γὰρ ἐς δόμους ὁρμωμένην
      Πενθέως Ἀγαύην μητέρ' ἐν διαστρόφοις
      ὄσσοις, δέχεσθε κῶμον εὐίου θεοῦ.

ΑΓΑΥΗ
   Ἀσιάδες βάκχαι—

       ΧΟ.
[στρ. τί μ' ὀροθύνεις, ὤ;

       ΑΓ.
          φέρομεν ἐξ ὀρέων
1170   ἕλικα νεότομον ἐπὶ μέλαθρα,
          μακάριον θήραν.

       ΧΟ.
       ὁρῶ καί σε δέξομαι σύγκωμον.

       ΑΓ.
          ἔμαρψα τόνδ' ἄνευ βρόχων
          ⟨λέοντος ἀγροτέρου⟩ νέον ἶνιν·
1175   ὡς ὁρᾶν πάρα.

       ΧΟ.
       πόθεν ἐρημίας;

ΑΓ.
Κιθαιρών...

ΧΟ.
Κιθαιρών;

ΑΓ.
κατεφόνευσέ νιν.

ΧΟ.
τίς ά βαλοῦσα;

ΑΓ.
πρῶτον ἐμὸν τὸ γέρας.
1180   μάκαιρ' Ἀγαύη κλῃζόμεθ' ἐν θιάσοις.

ΧΟ.
τίς ἄλλα;

ΑΓ.
τὰ Κάδμου...

ΧΟ.
τί Κάδμου;

ΑΓ.
                           γένεθλα
μετ' ἐμὲ μετ' ἐμὲ τοῦδ'
ἔθιγε θηρός· εὐτυχής γ' ἅδ' ἄγρα.

ΧΟ.
. . . .
. . . .

ΑΓ.
μέτεχέ νυν θοίνας.

ΧΟ.
τί; μετέχω, τλᾶμον; [ἀντ.

ΑΓ.
1185   νέος ὁ μόσχος ἄρ-
τι γένυν ὑπὸ κόρυθ' ἁπαλότριχα
κατάκομον θάλλει.

ΧΟ.
πρέπει γ' ὥστε θὴρ ἄγραυλος φόβῃ.

ΑΓ.
       ὁ Βάκχιος κυναγέτας
1190 σοφὸς σοφῶς ἀνέπηλ' ἐπὶ θῆρα
τόνδε μαινάδας.

ΧΟ.
ὁ γὰρ ἄναξ ἀγρεύς.

ΑΓ.
ἐπαινεῖς;

ΧΟ.
ἐπαινῶ.

ΑΓ.
τάχα δὲ Καδμεῖοι . . .

ΧΟ.
καὶ παῖς γε Πενθεὺς . . .

ΑΓ.
	μματέρ' ἐπαινέσεται,
λαβοῦσαν ἄγραν τάνδε λεοντοφυῆ.

ΧΟ.
περισσάν.

ΑΓ.
περισσῶς.

ΧΟ.
ἀγάλλῃ;

ΑΓ.
γέγηθα,
μεγάλα μεγάλα καὶ
φανερὰ τᾷδ' ἄγρᾳ κατειργασμένα.

ΧΟ.
δεῖξόν νυν, ὦ τάλαινα, σὴν νικηφόρον
ἀστοῖσιν ἄγραν ἣν φέρουσ' ἐλήλυθας.

ΑΓ.
ὦ καλλίπυργον ἄστυ Θηβαίας χθονὸς
ναίοντες, ἔλθεθ' ὡς ἴδητε τήνδ' ἄγραν,
Κάδμου θυγατέρες θηρὸς ἣν ἠγρεύσαμεν,
οὐκ ἀγκυλητοῖς Θεσσαλῶν στοχάσμασιν,
οὐ δικτύοισιν, ἀλλὰ λευκοπήχεσι
χειρῶν ἀκμαῖσιν. κᾆτα κομπάζειν χρεὼν
καὶ λογχοποιῶν ὄργανα κτᾶσθαι μάτην;
ἡμεῖς δέ γ' αὐτῇ χειρὶ τόνδε θ' εἵλομεν,
χωρίς τε θηρὸς ἄρθρα διεφορήσαμεν.
	ποῦ μοι πατὴρ ὁ πρέσβυς; ἐλθέτω πέλας.

Πενθεύς τ' ἐμὸς παῖς ποῦ 'στιν; αἱρέσθω λαβὼν
πηκτῶν πρὸς οἴκους κλιμάκων προσαμβάσεις,
ὡς πασσαλεύσῃ κρᾶτα τριγλύφοις τόδε
1215 λέοντος ὃν πάρειμι θηράσασ' ἐγώ.

ΚΑ.
ἕπεσθέ μοι φέροντες ἄθλιον βάρος
Πενθέως, ἕπεσθε, πρόσπολοι, δόμων πάρος,
οὗ σῶμα μόχθων μυρίοις ζητήμασιν
φέρω τόδ', εὑρὼν ἐν Κιθαιρῶνος πτυχαῖς
1220 διασπαρακτόν, κοὐδὲν ἐν ταὐτῷ πέδῳ
λαβών, ἐν ὕλῃ κείμενον δυσευρέτῳ.
    ἤκουσα γάρ του θυγατέρων τολμήματα,
ἤδη κατ' ἄστυ τειχέων ἔσω βεβὼς
σὺν τῷ γέροντι Τειρεσίᾳ Βακχῶν πάρα·
1225 πάλιν δὲ κάμψας εἰς ὄρος κομίζομαι
τὸν κατθανόντα παῖδα Μαινάδων ὕπο.
καὶ τὴν μὲν Ἀκτέων' Ἀρισταίῳ ποτὲ
τεκοῦσαν εἶδον Αὐτονόην Ἰνώ θ' ἅμα
ἔτ' ἀμφὶ δρυμοὺς οἰστροπλῆγας ἀθλίας,
1230 τὴν δ' εἶπέ τίς μοι δεῦρο βακχείῳ ποδὶ
στείχειν Ἀγαύην, οὐδ' ἄκραντ' ἠκούσαμεν·
λεύσσω γὰρ αὐτήν, ὄψιν οὐκ εὐδαίμονα.

ΑΓ.
πάτερ, μέγιστον κομπάσαι πάρεστί σοι,
πάντων ἀρίστας θυγατέρας σπεῖραι μακρῷ
1235 θνητῶν· ἁπάσας εἶπον, ἐξόχως δ' ἐμέ,
ἣ τὰς παρ' ἱστοῖς ἐκλιποῦσα κερκίδας
ἐς μεῖζον' ἥκω, θῆρας ἀγρεύειν χεροῖν.
φέρω δ' ἐν ὠλέναισιν, ὡς ὁρᾷς, τάδε
λαβοῦσα τἀριστεῖα, σοῖσι πρὸς δόμοις
1240 ὡς ἀγκρεμασθῇ· σὺ δέ, πάτερ, δέξαι χεροῖν·

γαυρούμενος δὲ τοῖς ἐμοῖς ἀγρεύμασιν
κάλει φίλους ἐς δαῖτα· μακάριος γὰρ εἶ,
μακάριος, ἡμῶν τοιάδ' ἐξειργασμένων.

ΚΑ.
ὦ πένθος οὐ μετρητὸν οὐδ' οἷόν τ' ἰδεῖν,
1245 φόνον ταλαίναις χερσὶν ἐξειργασμένων.
καλὸν τὸ θῦμα καταβαλοῦσα δαίμοσιν
ἐπὶ δαῖτα Θήβας τάσδε κἀμὲ παρακαλεῖς.
οἴμοι κακῶν μὲν πρῶτα σῶν, ἔπειτ' ἐμῶν·
ὡς ὁ θεὸς ἡμᾶς ἐνδίκως μέν, ἀλλ' ἄγαν,
1250 Βρόμιος ἄναξ ἀπώλεσ' οἰκεῖος γεγώς.

ΑΓ.
ὡς δύσκολον τὸ γῆρας ἀνθρώποις ἔφυ
ἔν τ' ὄμμασι σκυθρωπόν. εἴθε παῖς ἐμὸς
εὔθηρος εἴη, μητρὸς εἰκασθεὶς τρόποις,
ὅτ' ἐν νεανίαισι Θηβαίοις ἅμα
1255 θηρῶν ὀριγνῷτ'· ἀλλὰ θεομαχεῖν μόνον
οἷός τ' ἐκεῖνος. νουθετητέος, πάτερ,
σοὐστίν. τίς αὐτὸν δεῦρ' ἂν ὄψιν εἰς ἐμὴν
καλέσειεν, ὡς ἴδῃ με τὴν εὐδαίμονα;

ΚΑ.
φεῦ φεῦ· φρονήσασαι μὲν οἷ' ἐδράσατε
1260 ἀλγήσετ' ἄλγος δεινόν· εἰ δὲ διὰ τέλους
ἐν τῷδ' ἀεὶ μενεῖτ' ἐν ᾧ καθέστατε,
οὐκ εὐτυχοῦσαι δόξετ' οὐχὶ δυστυχεῖν.

ΑΓ.
τί δ' οὐ καλῶς τῶνδ' ἢ τί λυπηρῶς ἔχει;

ΚΑ.
πρῶτον μὲν ἐς τόνδ' αἰθέρ' ὄμμα σὸν μέθες.

ΑΓ.
ἰδού· τί μοι τόνδ' ἐξυπεῖπας εἰσορᾶν;

ΚΑ.
ἔθ' αὑτὸς ἤ σοι μεταβολὰς ἔχειν δοκεῖ;

ΑΓ.
λαμπρότερος ἢ πρὶν καὶ διειπετέστερος.

ΚΑ.
τὸ δὲ πτοηθὲν τόδ' ἔτι σῇ ψυχῇ πάρα;

ΑΓ.
οὐκ οἶδα τοὔπος τοῦτο. γίγνομαι δέ πως
ἔννους, μετασταθεῖσα τῶν πάρος φρενῶν.

ΚΑ.
κλύοις ἂν οὖν τι κἀποκρίναι' ἂν σαφῶς;

ΑΓ.
ὡς ἐκλέλησμαί γ' ἃ πάρος εἴπομεν, πάτερ.

ΚΑ.
ἐς ποῖον ἦλθες οἶκον ὑμεναίων μέτα;

ΑΓ.
Σπαρτῷ μ' ἔδωκας, ὡς λέγουσ', Ἐχίονι.

ΚΑ.
τίς οὖν ἐν οἴκοις παῖς ἐγένετο σῷ πόσει;

ΑΓ.
Πενθεύς, ἐμῇ τε καὶ πατρὸς κοινωνίᾳ.

ΚΑ.
τίνος πρόσωπον δῆτ' ἐν ἀγκάλαις ἔχεις;

ΑΓ.
λέοντος, ὥς γ' ἔφασκον αἱ θηρώμεναι.

ΚΑ.
σκέψαι νυν ὀρθῶς· βραχὺς ὁ μόχθος εἰσιδεῖν.

ΑΓ.
1280   ἔα, τί λεύσσω; τί φέρομαι τόδ' ἐν χεροῖν;

ΚΑ.
ἄθρησον αὐτὸ καὶ σαφέστερον μάθε.

ΑΓ.
ὁρῶ μέγιστον ἄλγος ἡ τάλαιν' ἐγώ.

ΚΑ.
μῶν σοι λέοντι φαίνεται προσεικέναι;

ΑΓ.
οὔκ, ἀλλὰ Πενθέως ἡ τάλαιν' ἔχω κάρα.

ΚΑ.
1285   ᾠμωγμένον γε πρόσθεν ἢ σὲ γνωρίσαι.

ΑΓ.
τίς ἔκτανέν νιν;—πῶς ἐμὰς ἦλθες χέρας;

ΚΑ.
δύστην' ἀλήθει', ὡς ἐν οὐ καιρῷ πάρει.

ΑΓ.
λέγ', ὡς τὸ μέλλον καρδία πήδημ' ἔχει.

ΚΑ.
σύ νιν κατέκτας καὶ κασίγνηται σέθεν.

ΑΓ.
1290 ποῦ δ' ὤλετ'; ἢ κατ' οἶκον; ἢ ποίοις τόποις;

ΚΑ.
οὗπερ πρὶν Ἀκτέωνα διέλαχον κύνες.

ΑΓ.
τί δ' ἐς Κιθαιρῶν' ἦλθε δυσδαίμων ὅδε;

ΚΑ.
ἐκερτόμει θεὸν σάς τε βακχείας μολών.

ΑΓ.
ἡμεῖς δ' ἐκεῖσε τίνι τρόπῳ κατήραμεν;

ΚΑ.
1295 ἐμάνητε, πᾶσά τ' ἐξεβακχεύθη πόλις.

ΑΓ.
Διόνυσος ἡμᾶς ὤλεσ', ἄρτι μανθάνω.

ΚΑ.
ὕβριν ⟨γ'⟩ ὑβρισθείς· θεὸν γὰρ οὐχ ἡγεῖσθέ νιν.

ΑΓ.
τὸ φίλτατον δὲ σῶμα ποῦ παιδός, πάτερ;

ΚΑ.
ἐγὼ μόλις τόδ' ἐξερευνήσας φέρω.

ΑΓ.
ἦ πᾶν ἐν ἄρθροις συγκεκλημένον καλῶς;

. . . .

ΑΓ.
Πενθεῖ δὲ τί μέρος ἀφροσύνης προσῆκ' ἐμῆς;

ΚΑ.
ὑμῖν ἐγένεθ' ὅμοιος, οὐ σέβων θεόν.
τοιγὰρ συνῆψε πάντας ἐς μίαν βλάβην,
ὑμᾶς τε τόνδε θ', ὥστε διολέσαι δόμους
κἄμ', ὅστις ἄτεκνος ἀρσένων παίδων γεγὼς
τῆς σῆς τόδ' ἔρνος, ὦ τάλαινα, νηδύος
αἴσχιστα καὶ κάκιστα κατθανόνθ' ὁρῶ,
ᾧ δῶμ' ἀνέβλεφ' —ὃς συνεῖχες, ὦ τέκνον,
τοὐμὸν μέλαθρον, παιδὸς ἐξ ἐμῆς γεγώς,
πόλει τε τάρβος ἦσθα· τὸν γέροντα δὲ
οὐδεὶς ὑβρίζειν ἤθελ' εἰσορῶν τὸ σὸν
κάρα· δίκην γὰρ ἀξίαν ἐλάμβανες.
νῦν δ' ἐκ δόμων ἄτιμος ἐκβεβλήσομαι
ὁ Κάδμος ὁ μέγας, ὃς τὸ Θηβαίων γένος
ἔσπειρα κἀξήμησα κάλλιστον θέρος.
ὦ φίλτατ' ἀνδρῶν —καὶ γὰρ οὐκέτ' ὢν ὅμως
τῶν φιλτάτων ἔμοιγ' ἀριθμήσῃ, τέκνον—
οὐκέτι γενείου τοῦδε θιγγάνων χερί,
τὸν μητρὸς αὐδῶν πατέρα προσπτύξῃ, τέκνον,
λέγων· Τίς ἀδικεῖ, τίς σ' ἀτιμάζει, γέρον;

τίς σὴν ταράσσει καρδίαν λυπηρὸς ὤν;
λέγ', ὡς κολάζω τὸν ἀδικοῦντά σ', ὦ πάτερ.
νῦν δ' ἄθλιος μέν εἰμ' ἐγώ, τλήμων δὲ σύ.
οἰκτρὰ δὲ μήτηρ, τλήμονες δὲ σύγγονοι.
1325 εἰ δ' ἔστιν ὅστις δαιμόνων ὑπερφρονεῖ,
ἐς τοῦδ' ἀθρήσας θάνατον ἡγείσθω θεούς.

ΧΟ.
τὸ μὲν σὸν ἀλγῶ, Κάδμε· σὸς δ' ἔχει δίκην
παῖς παιδὸς ἀξίαν μέν, ἀλγεινὴν δὲ σοί.

ΑΓ.
ὦ πάτερ, ὁρᾷς γὰρ τἄμ' ὅσῳ μετεστράφη
. . . .
. . . .

ΔΙΟΝΥΣΟΣ
. . . .
. . . .
1330 δράκων γενήσῃ μεταβαλών, δάμαρ τε σὴ
ἐκθηριωθεῖσ' ὄφεος ἀλλάξει τύπον,
ἣν Ἄρεος ἔσχες Ἁρμονίαν θνητὸς γεγώς.
ὄχον δὲ μόσχων, χρησμὸς ὡς λέγει Διός,
ἐλᾷς μετ' ἀλόχου, βαρβάρων ἡγούμενος.
1335 πολλὰς δὲ πέρσεις ἀναρίθμῳ στρατεύματι
πόλεις· ὅταν δὲ Λοξίου χρηστήριον
διαρπάσωσι, νόστον ἄθλιον πάλιν
σχήσουσι· σὲ δ' Ἄρης Ἁρμονίαν τε ῥύσεται
μακάρων τ' ἐς αἶαν σὸν καθιδρύσει βίον.
1340 ταῦτ' οὐχὶ θνητοῦ πατρὸς ἐκγεγὼς λέγω
Διόνυσος, ἀλλὰ Ζηνός· εἰ δὲ σωφρονεῖν
ἔγνωθ', ὅτ' οὐκ ἠθέλετε, τὸν Διὸς γόνον
εὐδαιμονεῖτ' ἂν σύμμαχον κεκτημένοι.

ΚΑ.
Διόνυσε, λισσόμεσθά σ', ἠδικήκαμεν.

ΔΙ.
1345 ὄψ' ἐμάθεθ' ἡμᾶς, ὅτε δὲ χρῆν, οὐκ ᾔδετε.

ΚΑ.
ἐγνώκαμεν ταῦτ'· ἀλλ' ἐπεξέρχῃ λίαν.

ΔΙ.
καὶ γὰρ πρὸς ὑμῶν θεὸς γεγὼς ὑβριζόμην.

ΚΑ.
ὀργὰς πρέπει θεοὺς οὐχ ὁμοιοῦσθαι βροτοῖς.

ΔΙ.
πάλαι τάδε Ζεὺς οὑμὸς ἐπένευσεν πατήρ.

ΑΓ.
1350 αἰαῖ, δέδοκται, πρέσβυ, τλήμονες φυγαί.

ΔΙ.
τί δῆτα μέλλεθ' ἅπερ ἀναγκαίως ἔχει;

ΚΑ.
ὦ τέκνον, ὡς ἐς δεινὸν ἤλθομεν κακὸν
⟨πάντες⟩, σύ θ' ἡ τάλαινα σύγγονοί τε σαί,
ἐγώ θ' ὁ τλήμων· βαρβάρους ἀφίξομαι
1355 γέρων μέτοικος· ἔτι δέ μοι τὸ θέσφατον
ἐς Ἑλλάδ' ἀγαγεῖν μιγάδα βάρβαρον στρατόν.
καὶ τὴν Ἄρεως παῖδ' Ἁρμονίαν, δάμαρτ' ἐμήν,
δράκων δρακαίνης ⟨φύσιν⟩ ἔχουσαν ἀγρίαν
ἄξω 'πὶ βωμοὺς καὶ τάφους Ἑλληνικούς,

1360 ἡγούμενος λόγχαισιν· οὐδὲ παύσομαι
κακῶν ὁ τλήμων, οὐδὲ τὸν καταιβάτην
Ἀχέροντα πλεύσας ἥσυχος γενήσομαι.

ΑΓ.
ὦ πάτερ, ἐγὼ δὲ σοῦ στερεῖσα φεύξομαι.

ΚΑ.
τί μ' ἀμφιβάλλεις χερσίν, ὦ τάλαινα παῖ,
1365 ὄρνις ὅπως κηφῆνα πολιόχρων κύκνος;

ΑΓ.
ποῖ γὰρ τράπωμαι πατρίδος ἐκβεβλημένη;

ΚΑ.
οὐκ οἶδα, τέκνον· μικρὸς ἐπίκουρος πατήρ.

ΑΓ.
χαῖρ', ὦ μέλαθρον, χαῖρ', ὦ πατρία
πόλις· ἐκλείπω σ' ἐπὶ δυστυχίᾳ
1370 φυγὰς ἐκ θαλάμων.

ΚΑ.
στεῖχέ νυν, ὦ παῖ, τὸν Ἀρισταίου
. . . .

ΑΓ.
στένομαί σε, πάτερ.

ΚΑ.
κἀγὼ <σέ>, τέκνον,
καὶ σὰς ἐδάκρυσα κασιγνήτας.

ΑΓ.
>	δεινῶς γὰρ τάνδ' αἰκείαν
1375	Διόνυσος ἄναξ τοὺς σοὺς εἰς
>	οἴκους ἔφερεν.

ΔΙ.
>	καὶ γὰρ ἔπασχον δεινὰ πρὸς ὑμῶν,
>	ἀγέραστον ἔχων ὄνομ' ἐν Θήβαις

ΑΓ.
>	χαῖρε, πάτερ, μοι.

ΚΑ.
>	χαῖρ', ὦ μελέα
1380	θύγατερ. χαλεπῶς <δ'> ἐς τόδ' ἂν ἥκοις.

ΑΓ.
>	ἄγετ', ὦ πομποί, με κασιγνήτας
>	ἵνα συμφυγάδας ληψόμεθ' οἰκτράς.
>	ἔλθοιμι δ' ὅπου
>	μήτε Κιθαιρῶν <ἔμ' ἴδοι> μιαρὸς
1385	μήτε Κιθαιρῶν' ὄσσοισιν ἐγώ,
>	μήθ' ὅθι θύρσου μνῆμ' ἀνάκειται·
>	Βάκχαις δ' ἄλλαισι μέλοιεν.

ΧΟ.
>	πολλαὶ μορφαὶ τῶν δαιμονίων,
>	πολλὰ δ' ἀέλπτως κραίνουσι θεοί·
1390	καὶ τὰ δοκηθέντ' οὐκ ἐτελέσθη,
>	τῶν δ' ἀδοκήτων πόρον ηὗρε θεός.
>	τοιόνδ' ἀπέβη τόδε πρᾶγμα.

# O TIRSO DE EURÍPIDES: COMENTÁRIOS CRÍTICOS

O desfecho desta peça impele ao desespero total, ao terror aniquilante que transgride muitíssimo quaisquer motivos morais ou compensatórios plausíveis. A ruína e a desintegração da morada de Cadmo, a redução à condição animal mesmo dos marginalmente implicados, que vêm à tona com e após o impronunciável despertar de Agave para o seu feito enceguecido, acentuam o absoluto, incompreensível horror. Os deuses não apenas nos matam por diversão, como sustinha Lear: eles nos torturam e humilham in extremis, *quando nos encontramos totalmente destroçados, quando nos prostramos a seus pés.*

GEORGE STEINER

Visto que Dioniso é a contradição que exprime o mistério da vida inseparável da morte, ele aparece como o deus da loucura, que regurgita da vida tornada abissal por obra da morte e que infringe todas as barreiras. Dioniso é, pois, o revelador do mundo da loucura que existe na realidade das coisas.

MARIO UNTERSTEINER

A viva inclinação de Eurípides por novidades intelectuais faz dele uma figura notável da transição do antigo modo de pensar em mitos e símbolos para o novo modo de pensar em conceitos abstratos [...]. Eurípides era ainda capaz de colocar a mente para trabalhar através da imaginação mítica e de recontar uma antiga história através de seus principais pontos dramáticos, mas ele tende a racionalizar suas histórias no sentido em que busca atribuir a elas uma significação mais precisa.

C. M. Bowra

Não é Dioniso enquanto Dioniso, nem seu culto enquanto culto extático que, propriamente falando, estão em causa. É o próprio conflito do racionalismo, ao qual o próprio poeta e sua época sacrificaram durante tantos anos, e o fato religioso, que vislumbramos na certeza e na profundidade de suas ressonâncias na alma humana e na vida social ou no que o universo e o destino comportam de misterioso.

Henri Jeanmaire

*Mas a experiência de Dioniso ultrapassa muito a
do álcool e pode independer totalmente dele; a loucura
torna-se um fim em si mesmo.* Mania, *a palavra grega,
denota frenesi, não no sentido de insensatez delusória,
mas, como sua conexão etimológica com* menos *sugere,
no de uma experiência do poder mental intensificado.*

WALTER BURKERT

*Em suas afinidades dionisíacas, o espírito do
poeta possui tanto capacidade para imaginar ordem
como para representar desordem; mas a criação e a
verdadeira existência do trabalho acabado validam a
ordem, sobrepõem a coesão à dispersão. As forças dionisíacas aglutinadas e canalizadas para a obra de arte,
diferentemente das despendidas no Citero, são sempre
a vitória do deus gentil sobre o terrível, embora, como
Rilke diz, a beleza seja também o princípio do terrível.*

CHARLES SEGAL

COLEÇÃO SIGNOS
(Últimos Lançamentos)

43. *Sol Sobre Nuvens*
    Josely Vianna Baptista
44. *Augusto Stramm: Poemas-Estalactites*
    Auguso de Campos
45. *Céu Acima: Um Tombeau Para Haroldo de Campos*
    Leda Tenório Motta (org.)
46. *Agamêmnon de Ésquilo*
    Trajano Vieira
47. *Escreviver*
    José Lino Grünewald (José Guilherme Correa, org.)
48. *Entremilênios*
    Haroldo de Campos
49. *Antígone de Sófocles*
    Trajano Vieira
50. *Guenádi Aigui: Silêncio e Clamor*
    B. Scnhnaiderman e J. P. Ferreira (orgs.)
51. *Poeta Poente*
    Affonso Ávila
52. *Lisístrata e Tesmoforiantes*
    Trajano Vieira
53. *Heine, Hein? Poeta dos Contrários*
    André Vallias
54. *Profilogramas*
    Augusto de Campos
55. *Os Persas de Ésquilo*
    Trajano Vieira
56. *Outro*
    Augusto de Campos

Este livro foi impresso na cidade de Cotia,
nas oficinas da Meta Brasil,
para a Editora Perspectiva.